『五育』新解

项贤明 著

教育科学出版社
·北 京·

出 版 人　郑豪杰
责任编辑　何　蕴
版式设计　京久科创　郝晓红
责任校对　贾静芳
责任印制　米　杨

图书在版编目（CIP）数据

“五育”新解 / 项贤明著. --北京 : 教育科学出版社，2025. 5. -- ISBN 978-7-5191-4530-9

Ⅰ. G632.0

中国国家版本馆CIP数据核字第2025FY2236号

“五育”新解

“WUYU” XINJIE

出版发行	教育科学出版社		
社　　址	北京·朝阳区安慧北里安园甲9号	**邮　　编**	100101
总编室电话	010-64981290	**编辑部电话**	010-64989421
出版部电话	010-64989487	**市场部电话**	010-64989009
传　　真	010-64891796	**网　　址**	http://www.esph.com.cn
经　　销	各地新华书店		
制　　作	北京京久科创文化有限公司		
印　　刷	唐山玺诚印务有限公司		
开　　本	720毫米×1020毫米　1/16	**版　　次**	2025年5月第1版
印　　张	9	**印　　次**	2025年5月第1次印刷
字　　数	121千	**定　　价**	32.00元

图书出现印装质量问题，本社负责调换。

自序

马克思主义基本理论是指导我国教育改革和发展的重要理论基础，对我国教育方针政策有着根本性的重大影响。在马克思主义教育学的理论体系中，关于人的全面发展的学说，以及在此学说基础上提出的关于德育、智育、体育、美育和劳动教育（简称“五育”）的教育理论，又处于十分重要的核心地位。科学认识和理解马克思主义教育学的“五育”理论，不仅对马克思主义教育学的理论发展具有重要学术价值，而且对我们正确认识和解决我国教育实际问题也有着十分重要的实践意义。

长期以来，马克思主义教育学的“五育”理论，一直是我国教育学界关注的学术焦点之一。尤其是改革开放以来，关于马克思主义教育学“五育”理论的重要研究成果不胜枚举。我国教育学界多年来关于“五育”的理论探讨，是马克思主义教育理论与我国教育实践相结合的一个侧影，从教育基本原理的角度反映了马克思主义教育理论中国化发展的历史进程。这些理论成果，大多与我国教育改革和发展的实际情况密切联系在一起，因而都带有不同时代的烙印。如今，教育发展的社会历史背景已经发生了重大的变化，我国的教育改革和发展，既取得了一系列辉煌成就，也产生了很多新的问题。这些新的问题，需要我们从具体的政策法规和工作机制层面探讨解决的方案，更需要我们从马克思主义理论基础出发进行深入的、根本性的学术探讨。关于“五育”理论的探讨，其意义、价值和必要性尤为突出。

面对新时代、新任务，作为一名从教育实践中走来并且始终关注教育实践的教育理论工作者，笔者近年来不揣浅陋，尝试联系我国新时代教育改革和发展的新情况，对马克思主义教育学“五育”理论进行一些探索性的新阐释，以期在更加深入地理解和把握马克思主义教育学基本原理的基础上，探析我国教育实际问题的认识根源，探讨解决这些教育实际问题的根本路径。这些理论探讨，是否把握了马克思主义教育理论的精神实质，是否符合我国教育改革和发展的实际，还有待学界同行和广大教育实践工作者们的甄别和检验。若抛砖而能引玉，本书的目的也就达到了。

马克思说：“哲学家们只是用不同的方式解释世界，问题在于改变世界。”[①] 理论认识来源于实践，并且要回到实践中去接受检验。理论探讨的意义，只有在改变世界的实践中才能够真正显现出来。这本书中的理论文字，也只有被广大教育实践工作者所理解和掌握，才有可能真正实现其价值。这也是我对本书最大的期待。

---

① 马克思恩格斯文集：第一卷［M］. 北京：人民出版社，2009：502.

目 录

绪论 “五育”理论的新时代意义

在马克思主义教育学的基本原理中，关于德育、智育、体育、美育和劳动教育的“五育”理论，是一条十分重要的基本理论，在我们的教育理论和教育实践中发挥着重要的基础性和引领性作用。自杨贤江那一代教育学者开始，中国马克思主义教育学家们对这一理论作出了不断深入和日益全面的阐释，为我国各个时期的教育实践提供了有力的理论支持。为了适应新时代我国教育改革和发展的新要求，我们有必要站在新的历史高度和视角，尝试对这一理论进行更加全面、更加系统、更加深入的理解和阐释，以期达到一个新的更高的认识水平。这不仅在理论上具有重要价值，而且对我们在实践中从根本上认识和解决一系列教育现实问题也有着十分重要的时代意义。

第一节 “五育”理论的思想源流和理论基础

关于德育、智育和体育等的教育思想，可以溯源至古希腊。柏拉图的《理想国》就提出了教育要兼顾人的身体和心灵和谐发展的思想[①]；亚里士多德在《政治学》第七、八章中，更是详细论述了关于人的美德、知识和身体的教育问题[②]；英国思想家斯宾塞于1854年、1858年和1859年分别在《北不列颠评论》和《不列颠季刊》发表评论性文章，以拉马克进化论为其教育思想的基础，明确提出了“智育”、“德育”和“体育”的概念，并相应阐述了相关的教育艺术[③]。欧洲贯穿古希腊至19世纪的这种教育思想传统，是马克思主义“五育”理论的重要思想来源之一。马克思和恩格斯主要是

---

① 柏拉图.理想国M].郭斌和，张竹明，译.北京：商务印书馆，1986：71-80、107-123.

② 苗力田.亚里士多德全集：第九卷［M］.北京：中国人民大学出版社，1994：267-286.

③ 斯宾塞.斯宾塞教育论著选［M］.2版.胡毅，王承绪，译.北京：人民教育出版社，2002：47-224.

在政治经济学领域阐述关于人的全面发展的学说，从而为教育领域人的全面发展学说和“五育”理论奠定了理论基础。马克思和恩格斯尽管也曾论述人的智力和身体等方面发展的问题，却并未在教育学意义上具体展开阐述“五育”理论。教育学中的“五育”理论本身，应当说是以马克思主义经典作家思想为基础，在马克思主义教育学形成和发展过程中获得的重要理论成果之一。

马克思主义关于人的全面发展学说传入中国，与中国教育实践相结合，并融合了我国优秀教育传统中的相关思想，逐渐形成了指导我国社会主义教育发展基本方针的“五育”理论。1917 年 4 月，青年毛泽东受中华传统教育思想及当时社会进步思潮的影响，提出了德智体“三育并重”的主张。[①]我国早期马克思主义教育理论家杨贤江，提出了“德育——造就良好之习惯；智育——造就清楚之头脑；体育——造就康健之体魄”[②]的“全人生指导”教育思想。1957 年 2 月，作为一名成熟的马克思主义者，毛泽东在《关于正确处理人民内部矛盾的问题》中提出：“我们的教育方针，应该使受教育者在德育、智育、体育几方面都得到发展，成为有社会主义觉悟的有文化的劳动者。”这一重要论述，把马克思主义关于人的全面发展思想贯彻于社会主义教育的培养目标之中，作为新中国指导教育事业发展的社会主义教育方针，在我国社会主义教育事业的发展过程中长期发挥了指导作用。改革开放以来，根据不同时期我国社会主义教育事业发展的时代特点，分别提出了适应不同历史时期的教育方针，具体内容和侧重点各有不同，但德智体全面发展的核心内容一直没有改变。

马克思主义教育学的“五育”理论，以马克思主义关于人的全面发展学说为理论基础，是这一重要理论在逻辑的和历史的过程中不断具体化和系统化的重要理论成果之一。马克思主义关于人的全面发展学说，是马克思主义经典作家在分析批判资本主义生产方式的过程中提出的重要学说。

---

① 毛泽东 . 体育之研究［M］. 北京：人民体育出版社，1979：4.
② 杨贤江 . 杨贤江全集：第一卷［M］. 郑州：河南教育出版社，1995：143.

马克思在《资本论》中通过对资本主义大工业生产的剖析，发现了资本主义生产方式的一个内在矛盾，即一方面“大工业的本性决定了劳动的变换、职能的更动和工人的全面流动性”[①]，另一方面资本主义生产方式又“更可怕地再生产了这种分工”[②]。这种劳动分工，直接导致了人的片面发展。在马克思和恩格斯看来，“阶级的存在是由分工引起的”，而分工使“每一个人都只能发展自己才能的一方面而偏废了其他各方面”。[③] 因此，消灭阶级是人的自由解放的前提条件之一。在这里，分工之所以直接导致人的片面发展，是因为这种分工是强迫性的，因而是对人的自由的一种限制和戕害，是与马克思主义对人的自由和解放的追寻背道而驰的。马克思在《资本论》中将“每个个人以物的形式占有社会权力”的社会形式分成三个阶段。在最初以人对人的依附关系为基础的社会形式中，人的自由和独立极其有限；在第二阶段，以人对物的依赖性为基础，人在普遍的社会物质交换的基础上获得了一定的独立性；只有到了第三阶段，人获得了“建立在个人全面发展和他们共同的、社会的生产能力成为从属于他们的社会财富这一基础上的自由个性”[④]，人才有可能真正获得自由和解放。在这里，人的全面发展学说，是一种关于人的自由和解放的学说，是和共产主义学说紧密联系在一起的。

分工及其带来的人的片面发展对人的自由的限制和戕害，在哲学上导致了人的异化。“异化理论是一种学术建构，在这种建构中马克思展示了资本主义生产对人产生的毁灭性影响，对他们肉体和精神状况的影响，以及对社会进程（他们是社会进程的一个部分）的影响。”[⑤] 马克思分别从人与其生产活动之间的关系、与其产品的关系、与其他人的关系以及与类的关系四个方面，深入解剖了人的异化现象。他在《1844 年经济学哲学手稿》中深刻地揭示和批判了资本主义生产方式下的劳动异化现象，具体表现为

① 马克思恩格斯文集：第五卷［M］. 北京：人民出版社，2009：560.

② 同① 557.

③ 马克思恩格斯文集：第一卷［M］. 北京：人民出版社，2009：688.

④ 马克思恩格斯文集：第八卷［M］. 北京：人民出版社，2009：52.

⑤ 奥尔曼 . 马克思的异化理论［M］. 王贵贤，译 . 北京：北京师范大学出版社，2018：175.

“劳动所生产的对象，即劳动的产品，作为一种异己的存在物，作为不依赖于生产者的力量，同劳动相对立”①。人的劳动产品反过来压迫人，劳动从原本应当是人全面发展自身的活动，异化成对人的一种奴役。人的异化现象的存在，是人的全面发展的一个根本性的障碍。

在马克思看来，“人同自己的劳动产品、自己的生命活动、自己的类本质相异化的直接结果就是人同人相异化。当人同自身相对立的时候，他也同他人相对立。”②这也是阶级斗争的产生以及人在阶级斗争过程中获得自由和解放的深层原因。人类寻求自由和解放的终极过程，与克服人的异化现象的过程，以及追求人的全面发展的过程，在本质上是一致的。马克思和恩格斯在第一次系统阐述唯物史观的《德意志意识形态》中就曾指出：“只有在共同体中，个人才能获得全面发展其才能的手段，也就是说，只有在共同体中才可能有个人自由。……在真正的共同体的条件下，各个人在自己的联合中并通过这种联合获得自己的自由。”③在消灭了阶级和片面分工等社会现象因而也消除了异化现象的共产主义社会，个人与共同体的自由和发展是统一的，因此，在共产主义社会这样的人与人的自由联合体中，“每个人的自由发展是一切人的自由发展的条件”④。在政治经济学意义上，人的全面发展是共产主义社会的重要表征之一。就此而言，教育学领域关于人的全面发展和“五育”理论的探索和实践，可以说是对未来理想社会的一种努力追寻。由于教育工作面向未来的特殊性，这种努力可以看作在为未来社会做准备。

在政治经济学领域，马克思通过睿智而深刻的分析，成功地在理论上将财富转换成人创造财富的能力（劳动力由此得以参与商品交换），并预言作为一种历史发展的必然，“先前的历史发展使这种全面的发展，即不以旧有的尺度来衡量的人类全部力量的全面发展成为目的本身”⑤，因此，劳动和

---

① 马克思恩格斯文集：第一卷［M］. 北京：人民出版社，2009：156.

② 同① 163.

③ 同① 571.

④ 马克思恩格斯文集：第二卷［M］. 北京：人民出版社，2009：53.

⑤ 马克思恩格斯文集：第八卷［M］. 北京：人民出版社，2009：137.

人自身的发展达成统一，并成为人发展自身的一种根本性的方式。恩格斯在《反杜林论》中论述社会主义时预言，当社会成为全部生产资料的主人，因而消灭了生产资料对人的奴役时，一种新的生产组织将会产生。“在这样的组织中，一方面，任何个人都不能把自己在生产劳动这个人类生存的必要条件中所应承担的部分推给别人；另一方面，生产劳动给每一个人提供全面发展和表现自己的全部能力即体能和智能的机会，这样，生产劳动就不再是奴役人的手段，而成了解放人的手段。”① 由此，马克思主义经典作家得出了这样一条重要的结论：“生产劳动同智育和体育相结合，它不仅是提高社会生产的一种方法，而且是造就全面发展的人的唯一方法。”②

劳动成为造就全面发展的人的唯一方法，与马克思主义实践哲学关于人的主体性理论又是紧密联系在一起的。马克思主义实践哲学充分肯定人在生产劳动和其他一切实践过程中的能动性和创造性，这也是马克思主义教育学认识人的发展过程的重要理论基础。马克思在《关于费尔巴哈的提纲》中批判了形而上学唯物主义把人看作环境和教育的产物的观点，进而高度概括地指出：“环境的改变和人的活动或自我改变的一致，只能被看做是并合理地理解为革命的实践。”③ 作为主体的人，正是在改变环境的实践过程中不断改变自身的。人的全面发展，在本质上离不开人自己作为主体的实践活动。因此，在其本质意义上，教育和教学过程，不是一个教师改变学生的过程，而是师生在共同的教育活动中不断发展自身的过程④。人总是在自己的社会生活中通过自身的实践活动不断发展着自身。在这一意义上，学校教育和学校以外的教育现象之间根本不存在什么本质的区别。这也是我们建设未来学习型社会的重要理论基础之一。人只有在自己的实践活动中才能发展自身，因此，人作为主体的实践活动，也是人的全面发展的必要条件之一。

---

① 马克思恩格斯文集：第九卷［M］. 北京：人民出版社，2009：310-311.

② 马克思恩格斯文集：第五卷［M］. 北京：人民出版社，2009：557.

③ 马克思恩格斯文集：第一卷［M］. 北京：人民出版社，2009：500.

④ 马克思主义教育学关于教育活动中主客体关系的理论解释模型，可参阅项贤明. 泛教育论：广义教育学的初步探索［M］. 太原：山西教育出版社，2000：37.

马克思主义关于人的全面发展学说，在深刻批判资本主义生产方式的基础上，从本质上雄辩地证明了人的全面发展的必要性和必然性。马克思主义关于人的全面发展学说传入中国，与中国优秀传统教育思想中的“成人”[①]等思想相结合，与中国共产党领导下的教育实践相结合，逐步形成了马克思主义教育学的“五育”理论。

第二节 “五育”理论的内涵解析

作为马克思主义关于人的全面发展学说在教育理论领域的具体化和系统化，关于“德智体美劳”的“五育”理论，赋予东西方关于身心和谐发展的传统教育思想以人的自由解放这一终极意义，并由此生发出关于人的教育活动以及人自身的发展的一系列时代性的新理论和新思想。站在我们时代的思想高度，不断在新的思想水平上认识和理解马克思主义教育学的“五育”理论，无疑在教育理论和教育实践两方面都具有十分重要的意义。

马克思主义教育学“五育”理论的主要内容十分丰富，并且随着时代的变化还在不断发展，其基本内涵主要包括以下三个方面。

其一，“五育”通常是指人的发展的不同方面和发展结果，在关于教育方针的表述中，也是更多侧重于这样的指称。1957 年，毛泽东指出：“我们的教育方针，应该使受教育者在德育、智育、体育几方面都得到发展，成为有社会主义觉悟的有文化的劳动者。”这里的德育、智育和体育，在其直接意义上都是指受教育者的不同发展方面，而“成为有社会主义觉悟的有文化的劳动者”显然是德智体几方面都得到发展的目标和结果。1978 年五届全国人大一次会议通过的《中华人民共和国宪法》第 13 条规定：“教育必须为无产阶级政治服务，同生产劳动相结合，使受教育者在德育、智

① 《论语·宪问》载：“子路问成人。子曰：‘若臧武仲之知，公绰之不欲，卞庄子之勇，冉求之艺，文之以礼乐，亦可以为成人矣。’”见程树德 . 论语集释：第三册［M］. 北京：中华书局，1990：969.

育、体育几方面都得到发展，成为有社会主义觉悟的有文化的劳动者。”关于“德智体”的表述沿用了1957年的教育方针。从字面意义上看，这里的“德智体”显然是指受教育者的不同发展方面，而“劳动者”则是这种发展的目标和结果。

其二，“五育”理论在很多语境中还指称教育工作的不同方面和侧重点，一些关于教育方针的理论表述中也包含这样的意义。就字面意义而言，“德育”“智育”“体育”都包含一个“育”字，在其本义上应当是指与人的道德、知识和身体等发展相对应的几种教育活动。毛泽东在关于教育方针的表述中用“德育、智育、体育几方面”这样的表述，而没有用“道德、知识和身体”的表述，实际上侧重强调的是促进受教育者在德、智、体几方面得到发展的教育工作，是我们为了达成人的全面发展而应当重视的教育工作的几个方面。也就是说，为了促使受教育者在道德、知识、身体等方面都得到发展，我们应当同时重视德育、智育和体育等方面的教育工作。毕竟，教育方针主要是我们教育工作的指南，而不是普通教育学原理的一般理论阐述。我们的教育方针在不同时期有“德智体”“德智体美”“德智体美劳”等不同表述，反映的是我们对相关方面教育工作的强调，而不是说人的全面发展只包括这几个方面。这也从一个方面说明，“五育”理论是以人的全面发展学说为理论基础的，因此，人的全面发展是一条更为根本的原理。

其三，“五育”理论中的“德智体美”还常常用来指人的教育活动的不同方面。这项含义在作为教育工作指南的教育方针等政策性表述中并不明显，因而很容易被忽视。很多情况下，也正是因为对这一义项的忽视，影响了我们对马克思主义教育学“五育”理论的更加全面深刻的认识和理解。马克思主义教育学认为，人的教育活动过程在本质上是人通过自身作为主体的实践活动而获得发展的过程，而实践中的人总是处于一定社会关系中的“现实的社会的个人”。因此，运用道德伦理处理人与人之间的关系是一切教育活动的要件之一，这也就决定了，无论是德育课还是数学课的教学，所有教育活动都必然包含着道德的方面。人在教育过程中的发展，也是社会客观存在的人类认识成果和“现实的社会的个人”的主观认识之间一种相互转化的过程，作为个体的人和作为人类的发展辩证统一于这种转化过程中。因此，有关认识发展的智育也必然是所有教育活动都不可或缺的一个基本方面。人的生命存在及其生命存在的状态，是人的一切发展的基础和前提，因而所有教育活动都不可能离开体育的方面。当一个教育过程真正取得了某种成功，促成人在某方面获得了发展，人就会进入一个享受和欣赏自身发展的审美状态，所以说，美育也是一切教育活动都应当包含的一个方面。把“德智体美”诠释为“教育活动的不同方面”的观点，目前似乎仅限于教育学术界，教育实践和教育政策领域尚未见这样的表述。这也反映了我们在实际教育工作中对马克思主义教育学“五育”理论的认识尚存在一定的局限性。

马克思主义教育学的“五育”理论，是以人的全面发展为理论基础的，这就在逻辑前提上决定了“五育”是不可以相互割裂的，而是有机统一的。也就是说，上述三条含义是统一为一体的，不仅作为人的教育活动的不同方面，“德智体美”四个维度是统一为一体的，而且在教育工作和人的发展过程中，“五育”也是有机统一的一个整体，否则，我们的教育就无法在逻辑上面对作为“现实的社会的个人”的完整的人。

在教育领域，德育在理论上似乎向来都是备受重视的。不仅在社会主义和共产主义社会如此，在资本主义和封建社会表面上也是如此。然而，马克思主义教育学所主张的“德育”，是以人的自由而全面的发展为理论基础的，而人的全面发展和人的自由解放在本质上是同一的，因此，马克思主义教育学“五育”理论中的“德育”，是旨在追寻人的自由和解放的德育，而绝不是束缚人思想的伪善教育。马克思曾在《科隆日报》的社论中指出：“国家的真正的‘公共教育’就在于国家的合乎理性的公共的存在。国家本身教育自己成员的办法是：……把粗野的本能变成合乎道德的意向，把天然的独立性变成精神的自由”[①]。恩格斯曾说：“我并不是一个抽象的道德家，我厌恶一切禁欲主义的反常现象”[②]。德育，在马克思主义教育学的理

---

① 马克思恩格斯全集：第一卷［M］. 2 版 . 北京：人民出版社，1995：217.

② 马克思恩格斯全集：第二卷［M］. 北京：人民出版社，2005：267.

论体系中，也是人追寻自由和解放的一部分，因而是和任何强迫的、愚民的道德灌输相对立的。

在马克思主义教育的“五育”理论看来，德育和智育是密切联系在一起的。因为，在马克思主义哲学的认识论体系中，个人的认识与群体的乃至人类的认识也是有着内在的联系的。这种联系是建立在人的本质基础之上的根本性的联系，而不是什么外在的或人为的联系。在马克思看来，“人的本质不是单个人所固有的抽象物，在其现实性上，它是一切社会关系的总和”①。人的道德的形成离不开人的认识和社会活动，因为真正的“良心是由人的知识和全部生活方式来决定的”②，而不是由机械的因而也是蒙昧的道德教条的灌输所能真正决定的。与此同时，人的认识的形成又是以主体际交往为前提和基础的，因此，所有智育的过程都必定包含了德育的维度。

体育与德育、智育也是相互联系在一起的。体育是德育和智育的前提与基础，也是德育的手段之一；智育和德育也是体育的前提和组成部分。毛泽东在《体育之研究》中就指出：“体育一道，配德育与智育，而德智皆寄于体。”③体育不可避免地要涉及人与人之间的社会关系，也常常需要传授相关的体育知识，因而需要配合德育和智育；人的生命存在以及人的生命存在的状态，又直接决定和影响着德育和智育。德智体之间的联系，是一种内在的、本质的、不可分割的联系。

要更加深入地认识和理解马克思主义教育学“五育”理论中的“美育”，首先应当全面认识和理解马克思主义关于“审美”的基本理论。我们不能仅仅停留在文艺审美教育这样的形式上和表面意义上来理解和认识马克思主义美育理论，而是应当在更加本质的意义上把握教育的审美维度。在马克思看来，审美活动的本质，是人对自身本质力量对象化（亦即劳动）的成果的享受和欣赏。“正是在改造对象世界的过程中，人才真正地证明自

① 马克思恩格斯文集：第一卷［M］. 北京：人民出版社，2009：501.

② 马克思恩格斯全集：第六卷［M］. 北京：人民出版社，1961：152.

③ 毛泽东. 体育之研究［M］. 北京：人民体育出版社，1979：3.

己是类存在物”[①]，因此，马克思说“劳动生产了美”[②]。马克思以音乐和美术审美为例，证明了“我的对象只能是我的一种本质力量的确证”[③]，正是由于作为实践主体的人的丰富本质的展开，“那些能成为人的享受的感觉，即确证自己是人的本质力量的感觉，才一部分发展起来，一部分产生出来”[④]，艺术作品也是作为人的劳动（艺术创作的实践）的成果才获得了审美的意义。在教育这种人发展自身的实践活动中，审美在本质上是人对自己在教育实践活动中获得之新发展的享受和欣赏。通过一个相对完整的教育活动，人获得了某种发展，亦即本质力量的增强，并进入了对这种发展的享受和欣赏的状态，沉浸于愉悦的感受之中，这便是教育的审美维度。一个孩子初学会走路，会特别喜欢自己行走。在教育过程中，几乎每个人都有过这样的教育审美体验。从本质意义上看，教育的审美之维，绝非仅仅存在于音乐、美术和文学等教学过程中，而是存在于一切真正成功促成人的某种发展的教育活动中。

在“五育”中，劳动教育因其根本性和综合性而处于比较特殊的地位。马克思主义关于人的全面发展学说，正是从对劳动的解析以及对资本主义生产方式的批判开始建立起来的。马克思主义政治经济学中的“劳动”概念，和马克思主义哲学中的“实践”概念，又是紧密联系、相互印证的。实践作为现实个人的社会活动，又与人认识和改造世界，包括认识和改造人类社会，是统一为一体的。因此，劳动教育，既是德智体美全面发展的根本路径，又是德智体美全面发展的必然结果。在我们教育方针的经典表述中，“成为有社会主义觉悟的有文化的劳动者”是“德智体美”等方面都得到发展的目标和结果。我们强调“德智体美劳”“五育并举”，正是要在政策层面突出劳动教育在促成人的全面发展过程中的重要作用和意义。在理论上，劳动教育和德育、智育、体育和美育并不处于同一层次，而是更具有根本性和综合性的，并且也应当从改造世界的实践活动这一本质意义

---

① 马克思.1844年经济学哲学手稿［M］. 北京：人民出版社，2014：206.

② 同① 201.

③ 同① 83.

④ 同① 84.

上来认识和理解其基本内涵，而不应狭隘地局限于某种具体的劳动活动。

马克思主义教育学认为，“德智体美劳”“五育”并举，是“造就全面发展的人的唯一方法”[①]。能否在教育过程中真正坚持落实这一理论，直接关系我们能否成功地促进受教育者的健康成长。对马克思主义教育学的“五育”理论的把握，不能局限于抽象的理论，而应在新时代的教育实践中实现其巨大的理论价值。“哲学家们只是用不同的方式解释世界，问题在于改变世界”[②]。我们立足于新时代阐释马克思主义教育学的“五育”理论，更重要的意义还在于指导我们从根本上认识和解决我们这个时代的教育实际问题。

第三节　新时代“五育”理论的现实意义

马克思主义的辩证唯物主义和历史唯物主义学说，是从实践中来并且可以回到实践中接受检验的科学理论。我们认识和理解马克思主义教育学的“五育”理论，最根本的还是要和教育实践相结合。总览当代人类社会的教育现象，很多现实教育问题，恰好是因为我们没有正确理解马克思主义教育学“五育”理论的精神实质，抑或仅仅从表面上和形式上机械地理解和认识这一理论，因而也很难在实践中真正落实这一理论，从而导致了教育活动的异化和青少年学生身心发展的片面化。

在当代学校教育实践中，道德教育的弱化是个世界性的普遍现象。这一现象的成因十分复杂，究其根本，还是我们在学校教育中没有从人的本质是社会关系的总和这一根本层次上理解和认识德育，而是沿用了传统道德教育的德目灌输的机械方式。和人的其他方面的发展一样，只有在自己的社会生活实践中，人的道德才有可能真正获得发展。由他人进行强制灌输的道德教育，由于剥夺了人自身在道德教育活动中的主体地位，因而无

① 马克思恩格斯文集：第五卷［M］. 北京：人民出版社，2009：557.
② 马克思恩格斯文集：第一卷［M］. 北京：人民出版社，2009：502.

法真正促成人的完整道德品格的形成。脱离了人自己的社会生活实践，也就脱离了人自身的社会生活，脱离了人与人现实的社会关系。这样的道德教育，只能给人一些零碎僵死的道德知识，很难真正促使这些道德知识转化成人的道德品格。虽然道德知识是形成道德品格的基础条件之一，但它既不是充分条件也不是必要条件。一个人在爱国主义知识考试中获得满分，不能证明这个人是爱国者；一个不了解这些知识的人，也有可能深爱着自己的祖国。以知识教学为中心的现代学校教育，如果只看到一个个孤立的个人，而没有将人按照其本质放在一定社会关系中，那么，所教的知识很容易脱离人的社会生活。道德教育包括知情意行等很多方面，脱离了人的社会生活，仅仅依靠德目知识灌输，是不可能真正取得最终的成功的。

学校道德教育弱化的另一原因，就是学校教育过程中常常割裂了“五育”之间的有机联系，孤立地理解和践行德育。正如前文所述，马克思主义教育学“五育”理论认为，不仅“五育”是有机联系在一起的，而且每个教育活动在本质上都应当包含“德智体美”四个维度，因此，德育不仅和其他教育活动相互联系，而且渗透于所有教育活动之中。然而，在实际教育工作中，我们常常将德育简单理解为关于人的思想品德的一种专门教育活动，即便在强调其他教育活动中贯穿德育时，也是机械地、形式上地附加进行一些德育，而没有认识到任何教育活动在本质上都必然包含的道德维度，因此，教育过程中大量的德育影响实际上都处于不自觉的状态，其价值导向也往往是紊乱的，甚至是相互矛盾的。在这样的情况下，学校道德教育的弱化便是意料之中的了。

在马克思主义教育学的“五育”理论看来，智育不仅和德育、体育密切联系在一起，而且智育本身也不仅限于知识教学，而是包含了从低级到高级的多个层次。这是由马克思主义认识论的基本理论决定的。在马克思主义认识论看来，人的认识“并不是简单的、直接的、完全的反映，而是一系列抽象过程，即概念、规律等等的构成、形成过程，这些概念和规律等等（思维、科学＝‘逻辑概念’）有条件地近似地把握着永恒运动着和发展着的自然界的普遍规律”[①]。知识作为人类社会文化的观念存在物，其被个体的人所认识的过程，也是一个从客观到主观的复杂转化过程。因此，我们的知识教学并不是一个把外在客观的知识直接搬进学生主观世界的过程，而是需要学生作为认识主体经过一系列复杂的抽象过程，从而将客观知识逐步转化为学生自身的智慧和精神世界一部分的过程。这一过程，又是与人作为主体的思维活动和实践活动分不开的。然而，我们在实际教育工作中，尤其是在应试教育中，往往只满足于学生记住了某些知识，却忽视了学生自身作为认识和实践主体在这一过程中的决定性作用，忽视了学生的认识向更高层次发展进而转化成其自身智慧和精神的过程。知识教学的被动化和低层次化，使得我们的学校智育活动不仅在知识教学上普遍出现效率低下的现象，而且使知识从人认识和改造世界的工具反过来变成了人的“负担”，教育对青少年学生的精神发育和发展的支持也呈现片面化和低级化的倾向。

在现代学校的课堂上，体育有时也成了学生的“学业负担”。究其根本原因，往往还是我们没有从马克思主义教育学关于教育本质的理论出发，没有认识到教育在本质上是人在自身的实践活动中发展自身的过程，而不是被他人或环境改变的过程。毛泽东在《体育之研究》中指出：“欲图体育之有效，非动其主观，促其对于体育之自觉不可。”[②] 然而，在实际体育教学过程中，我们常常是把体育活动当成一种外在强加给受教育者的过程，“教者发令，学者强应，身顺而心违，精神受无量之痛苦，精神苦而身亦苦矣”[③]。这样的体育，不再是人能动地通过自身的活动发展自己的过程，而是异化成低级的、被动的训练，因而也就不可避免地会成为人的“负担”了。

教育活动在“德智体”诸方面都成为人的“负担”，这一现象在本质上正是教育异化的一种时代表征，这集中体现为人的教育之审美维度的丧失。

---

① 列宁全集：第三十八卷[M].北京：人民出版社，1959：194.

② 毛泽东.体育之研究[M].北京：人民体育出版社，1979：1.

③ 同② 5.

作为教育异化的结果和表现，教育活动丧失其审美之维，直接意味着人在教育过程中再也不能欣赏和享受自己的发展，意味着人的发展从目的异化为手段，意味着人发展自身的活动反过来变成对自己的一种压迫。这样的发展，无论采用什么样的包装，也必然是片面的，而不可能是自由而全面的。马克思主义经典作家在论述人的全面发展时，一再强调这种发展是“个人的”“自由的”，强调“不以旧有的尺度来衡量的人类全部力量的全面发展成为目的本身”①，意在揭示个人的全面发展与人类的自由解放之间的辩证统一，引领人们在历史的进步中克服异化并迈向自由解放的理想社会。

马克思主义关于劳动异化的理论，是我们理解和认识教育异化现象的理论基础。作为人的本质力量对象化过程的能够生产美的劳动，在本质上应当是自由的。“动物只是按照它所属的那个种的尺度和需要来构造，而人却懂得按照任何一个种的尺度来进行生产，并且懂得处处都把固有的尺度运用于对象；因此，人也按照美的规律来构造。”②人不仅按照美的规律来构造世界，也按照美的规律来构造自身，因为这两个过程是辩证统一的，人正是在改造世界的实践过程中不断改造和发展着自己。在资本主义大生产方式中，劳动从人改造世界并发展自身的过程，变成了一种被迫的谋生手段，人在这一过程中因而也只能被动地、片面地发展自身，并且也不可能在欣赏和享受自己劳动成果的过程中获得审美的体验。与劳动过程丧失审美维度是其异化的表现一样，教育活动审美维度的丧失，也是人的教育活动异化现象的表征。“异化只能被理解为非异化状态的缺失，每一种状态都是另一种状态的参照。”③审美维度的缺失，是异化状态的重要表现之一。

正如“异化劳动把自主活动、自由活动贬低为手段，也就把人的类生活变成维持人的肉体生存的手段”④一样，教育过程中人的异化现象，也将教育从人在自己能动的实践过程中不断全面发展自身的活动，变成了人维持自身生存而被迫采取的一种手段。在这样的扭曲状态下，人的全面发展

① 马克思恩格斯文集：第八卷［M］. 北京：人民出版社，2009：137.
② 马克思 .1844 年经济学哲学手稿［M］. 北京：人民出版社，2014：206.
③ 奥尔曼 . 马克思的异化理论［M］. 王贵贤，译，北京：北京师范大学出版社，2018：176.
④ 同② 54.

是不可能的。克服教育异化的现象，是实现人的全面发展的条件之一。在马克思那里，共产主义社会是“一切异化的积极的扬弃，从而是人从宗教、家庭、国家等等向自己的人的存在即社会的存在的复归”，是“人向自身、向社会的即合乎人性的人的复归，这种复归是完全的、自觉的和在以往发展的全部财富的范围内生成的。”[①]在教育过程中扬弃异化，既是人全面发展的条件，也是人追寻自由解放的历史过程的一个方面。

人是在改造世界的实践中发展自己的，这是马克思主义教育学对教育过程的本质性的认识。“环境的改变和人的活动或自我改变的一致，只能被看做是并合理地理解为革命的实践。”马克思在《关于费尔巴哈的提纲》中的这句名言，简明扼要地阐述了实践在人的发展过程中的本质性作用，是我们理解和把握劳动教育的关键。只有在这一思想高度上认识和理解劳动教育，我们才能认识到，劳动教育的重要意义，不仅限于劳动技能、劳动意识和对劳动的热爱等的培养，而是与人的全面发展在本质上是直接相关联的。通过包括脑力劳动在内的劳动实践，学生在劳动过程中真正理解自己所学知识的意义和价值，进而学会如何通过自己的思考和实践将所学知识转化成自己的智慧和精神世界的一部分，从而重新确立人在教育过程中的主体地位，将教育还原成人自己发展自身的能动的活动，教育的异化现象才有可能逐步被克服。就现象层面而言，也只有在劳动的实践过程中，学生才有可能摆脱“读死书，死读书，读书死”的教育桎梏，真正将课堂所学的知识转变成自身的智慧和精神，包括将关于道德的知识真正转化成自己的品格，成为自己精神世界的一部分。只有实现了这样的转变，人才能真正实现完整而全面的发展，也才有可能在教育过程中享受和欣赏自身的发展，获得教育的审美体验。

理解了“五育”理论中的劳动教育是以马克思主义教育学对教育本质的认识为理论基础的，我们在开展劳动教育过程中，就要注意避免表面化和形式化，尤其要避免将这种教育过程扭曲成为一种强迫性的活动。工人

---

① 马克思恩格斯全集：第三卷［M］. 2 版 . 北京：人民出版社，2002：298，297.

的劳动出现异化的直接原因之一，就是“他的劳动不是自愿的劳动，而是被迫的强制劳动。因此，这种劳动不是满足一种需要，而只是满足劳动以外的那些需要的一种手段”[①]。作为“五育”之一的劳动教育，应当是服务于学生真正理解和掌握知识的内在需要的一种教育活动。只有通过劳动的对象化过程，学生才能真正体验到自己在教育活动中所获得的本质力量的增强；在享受和欣赏劳动果实的过程中，学生也能进一步体验到教育在本质上的审美维度，从而进入对自身自由而全面发展的成果的享受和欣赏状态。这是一种摆脱了教育异化所获得的教育审美体验。在此基础上，我们还应当进一步认识到，按照马克思主义教育学对教育本质的论述，在教育过程中真正确立学生的主体地位，确立师生之间的主体际交往关系，才是减轻学业负担的根本所在，而在教育过程中给学生充分的自由并成功激发学生的兴趣，则是减轻学业负担的关键所在。

马克思主义教育学关于人的全面发展学说和“五育”理论，是我们在新时代解决教育现实问题最强有力的理论武器。进一步学习、理解和掌握这一理论，在教育实践中更好地运用这一理论，是我们在教育改革和发展过程中不断取得成功的思想保障。

---

① 马克思恩格斯全集：第三卷［M］. 北京：人民出版社，2002：270.

第一章　德　育

在马克思主义教育学关于“五育”的理论中，德育作为“五育”之首，处于十分重要的地位。在实际教育工作中，我们在德育领域碰到的问题比较多，也往往更为复杂。反观诸多德育现实问题，其根源往往是理论上的错误认识。面对新时代、新形势和新任务，站在马克思主义教育学的理论立场上，联系德育实践，批判地理解和吸收各种相关理论，进而对德育进行理论上的解析和反思，十分必要。

第一节　德育概念的内涵

在和普罗泰戈拉讨论“美德是否可教”的问题时，苏格拉底通过一连串的追问证明了这类问题的答案取决于“美德”的含义，即“美德本身是什么”[①]。同样，我们讨论德育问题，弄清德育概念的内涵无疑也是十分重要的。

然而，正如威尔逊所言，“在世界上许多地方和不同时候，我们用（或曾经用）大量不同的标题——含糊程度不同地——涵盖一些或所有我称之为‘道德教育’的东西”[②]，威尔逊认为这是德育学科不确定的表现之一。德育概念的模糊性主要并不在于其到底是作为“道德教育”的简称，还是包含更加广泛的内容。即便作为“道德教育”的简称，其内涵也是十分丰富的。问题的症结就是其丰富内涵的具体构成及其内在逻辑关系尚有待清理。

明确概念的内涵和外延，是我们科学地探讨问题的逻辑前提。在常见

---

① 柏拉图．普罗泰戈拉篇［M］// 柏拉图全集：第一卷．王晓朝，译．北京：人民出版社，2002：488.

② 威尔逊．道德教育新论［M］．蒋一之，译．杭州：浙江教育出版社，2003：绪论 3.

的教育学术和教育政策表述中，作为“五育”之一的“德育”，至少包含以下四条不同的义项：

（1）作为一种教育活动的德育。在众多语境中，我们说到“德育”，通常是指培养学生道德和品格的一种学校教育活动。道德的智慧总体上属于一种实践智慧，须在实践活动中产生并表现出来。“实践智慧（Phronesis）是亚里士多德和他所开启的美德伦理学和品格教育理论传统中的一个关键概念。简言之，实践智慧是指通过在相互竞争的价值观、情感和选择之间进行识别和思考的过程，了解和制定正确的（道德）行动路线的能力”①。这种能力显然不仅限于关于道德的知识，而是知、情、意、行多方面的综合能力。因此，作为一种完整的教育活动，德育活动本身就应当包含了生命、知识、道德和审美四个基本维度。在道德教育活动过程中，我们既要契合人的生命发展的不同阶段，又要教给人相关的道德知识，在此过程中还要遵循一定的伦理规范来处置人与人之间的关系，最终还应让人在对自身道德发展的享受和欣赏中获得审美的愉悦。

（2）作为人的全面发展一个方面的德育。马克思主义关于人的全面发展学说是“五育”理论的基础，因此作为“五育”之一的“德育”有时也用以指称人的全面发展的一个方面。“我们的教育方针，应该使受教育者在德育、智育、体育几方面都得到发展，成为有社会主义觉悟的有文化的劳动者。”在我国教育方针的这一经典表述中，“德育”所指的显然是人的发展的一个方面。偶见有“德育教育”之类的表述方式，也显然是在“人的全面发展的一个方面”的意义上使用“德育”一词的。在这一意义上使用的“德育”，其所指称的人的发展的具体内涵，主要取决于我们对作为一种教育活动和作为一种学校课程的“德育”之内涵的理解和把握。作为人的全面发展一个方面的德育，是作为一种教育活动和学校一项课程的成果，也是作为一切教育活动之道德维度的成果。作为学校一项课程的德育，以人的全面发展为鹄的，努力从价值观方面促进人的全面发展，其最终的成

① KRISTJÁNSSON K. An introduction to the special issue on wisdom and moral education［J］. Journal of Moral Education, 2020,49（1）：1–8.

效表现为作为人的全面发展的一个方面。另外，学校德育课程又是作为人的全面发展一个方面的德育的重要实施途径，对人的全面发展有着重要的影响。

（3）作为学校一项课程的德育。学校以特定的德育课程向学生传授作为一种原则的道德，令学生知晓并引导其遵循这些道德原则，于是，德育在课堂教学中得以实现。当苏格拉底的美德转换成康德的道德律令，美德就变成了天然可教的事情，然而，受现代学校教育“知识中心主义”传统的影响，关于道德知识的教学，一直是学校德育课程的主要任务，学校德育课程考试主要也是对学生掌握道德知识情况的评价。一方面，现代学校教育的“知识中心主义”传统，在德育课程教学领域则表现为“德目主义”的教学传统。另一方面，由于制度化的学校教育与社会制度联系紧密，因而在学校教育框架内，德育课程的内容往往不限于道德教育，可能还包括法律、政治、宗教、公民常识、文化习俗等内容，并且道德教育具体内容本身也直接受到社会制度的深刻影响。《中国大百科全书》在解释“德育”词条时，就将其界定为“对学生进行政治、思想、道德和心理品质教育”①，对象明确为“学生”，且“道德”仅排在第三位。这两方面的突出特点，使得作为学校课程的“德育”将自身与其他“德育”明显地区别开来。德育理论界的很多争论，也往往与混淆这种区别有着直接或间接的逻辑联系。

（4）作为一切教育活动之道德维度的德育。所有教育活动都一定是发生在人与人之间的，因而教育活动先天就无法与伦理道德截然分割开来，“任何一个承担起教育儿童责任的人，在逻辑上都不能将自己与道德教育实践分离”②。在教育活动过程中，人如何处理自身与他人之间的社会关系，无疑会对参与教育活动的其他人产生道德影响，因此，一切教育活动都内在包含着道德的维度，也就是说，所有教育活动都内在包含了德育的方面。这种作为一切教育活动内在道德维度的德育，表现为并缄默地传授着实际

① 中国大百科全书总编委会．中国大百科全书：第 4 卷［M］. 2 版．北京：中国大百科全书出版社，2009：543.

② CARR D. Educating the virtues：an essay on the philosophical psychology of moral development and education［M］. London：Routledge，1991：256.

生活过程中鲜活的道德，却往往较少受到人们的关注，因而在不自觉之中隐入人类意识之光的暗影中，成为自发的活动，很少受到教育科学的关注。就学校教育而言，认识作为一切教育活动之道德维度的德育，其最突出的意义就在于认识到学校教学活动中普遍存在的道德维度，认识到德育不仅仅是德育课教师的任务。

从世界范围来看，如今对教学活动之道德维度的忽视是普遍的。尤其是在教师专业化[①]的发展趋势下，教师的工作日益被狭隘地理解为一种专门从事传授知识和技能的职业。亚利桑那大学教育学院院长芬斯特马赫（Gary D. Fenstermacher）教授也曾感叹："尽管教学无可辩驳地承担着很高的道德责任，但目前关于教学职业下一步发展的争论却清楚地表明，教学的道德意义往往被忽视或遗忘了"[②]。这种忽视或遗忘，也是当今德育困境的成因之一。

关于德育概念的内涵，有两个方面的辨析十分重要。

其一是德育与学校德育、学校德育课程之间的内涵辨析。这三个概念中，德育的外延大于学校德育，学校德育的外延大于学校德育课程，这是显而易见的。然而，在实际的德育实践和相关理论探讨中，我们却常常看到将德育仅仅理解为学校德育，又将学校德育简单理解为学校德育课程的情况。1998 年版《中国大百科全书》对"德育"词条的解释，也将"有目的、有组织、有计划"等学校教育的特征作为德育的基本特征[③]，而2009年版的《中国大百科全书》"德育"词条虽然在对德育内容的解释上做了明显的拓展，但德育的对象仍然被限定为"学生"[④]。可见德育概念的狭隘化几乎

---

① 这里的"专业化"，是英文"professionalism"的通行汉译，也有译作"职业化"，实际上更为贴切的汉译应该是直译作"专业主义"，即主张由专业的人来专门从事本专业的事情。教师专业化，自然容易被误解为数学教师就应专心从事数学知识教学，少管别的专业的事情。

② FENSTERMACHER G D.Some moral considerations on teaching as a profession［M］// GOODLAD J I,SODER R,SIROTNIK K A . The moral dimensions of teaching. San Francisco：Jossey-Bass Publishers，1990：133.

③ 中国大百科全书出版社编辑部，中国大百科全书总编辑委员会《教育》编辑委员会 . 中国大百科全书：教育［M］. 2 版 . 北京：中国大百科全书出版社，1998：59.

④ 中国大百科全书总编委会 . 中国大百科全书：第 4 卷［M］.2 版 . 北京：中国大百科全书出版社，2009：543.

已成为理论共识。在德育实践中常有学校德育与社会生活中的德育不一致，甚至学校德育教学与课堂内社会生活中的德育相抵触，诸如此类的德育问题，究其原因，往往都与德育概念的狭隘化有着直接或间接的联系。

其二是更复杂一些的德育与道德教育、政治思想教育之间的内涵辨析。学术界有一部分学者认为“德育”就是“道德教育”的简称，因而法律教育、政治思想教育等都应在德育的外延之外。这种观点不仅理论上与主流观点不一致，而且不符合学校德育实践的实际情况。正如前文所述，作为学校一项课程的德育，其内容往往在道德之外还包含政治、法律、公民常识等诸多内容。有些国家虽通过法律对学校德育中的政治内容进行限制，但主要是对学校课程中有关政党政治的内容进行限制，而不是对政治内容的全面排斥，如国家认同教育就是几乎所有国家学校德育课程的基本内容。厘清德育与政治思想教育等之间的关系，对正确认识学校德育课程具有关键性的意义。

要厘清德育与政治思想教育等概念之间的逻辑关系，还需要回到更加基本的理论问题。实践理性同时是道德和法律的内核，法律和道德都是实践理性的体现，道德本身就是自然法的核心，而法律又是政治的核心，因此，在理论上，道德和政治是难以截然分开的。这也就逻辑地决定了德育与政治思想教育也是难以截然分开的。理论界一直尝试对道德和政治做出明确的区分，在 1980 年 6 月的全国第一次伦理学讨论会上，中国社会科学院李奇研究员就提出这样的观点：“政治除去调整、解决国家内部的阶级关系之外，还包括国与国之间、民族与民族之间的关系”[①]，而“道德是调整个人与个人之间、个人与集体之间的关系的，它比政治适用的范围要广泛得多”[②]。李奇认为道德和政治还有另一个重要区别，即政治是强制的而道德则是非强制的。然而，在实际社会生活中，与法律不同，政治在很多时候也可以是协商的、妥协的。因此，在一定意义上，道德的适用范围既然涵

① 中国社会科学院哲学研究所伦理学研究室. 道德与道德教育［M］. 上海：上海人民出版社，1981：19.

② 同① 21.

盖了个人与集体、集体之间的关系，那么它自然也就包含政治的内容。例如：在很多民族或国家的道德体系中，背叛民族或国家都不仅在政治上是不正确的，同时也是不道德的。也有学者从“道德”之“道”包含了“天道、世道、人道”的角度，论证了德育在理论上应当包含政治的内容[①]。在逻辑上，德育包含政治的内容，因而德育学应当研究如何教这部分政治内容，至于我们应该教什么样的政治，则是另一个价值问题。

我们在呼吁道德教育回归生活的同时，也不要忘了，我们的社会生活中仍然现实地包含着政治的内容，因而我们也要学习如何处理政治上个人与个人、个人与群体之间的关系，而现代学校教育与国家政治体系之间从一开始就有着天然的联系，并且当前的学校教育制度又将这类学习内容纳入了德育课程，这就意味着学校德育不可避免地会涉及政治、法律和公民常识等内容。承认这种不可避免性，我们才能认识到对德育中的政治内容及其教育方法进行研究和反思的必要性，从而进一步提高我们在相关德育实践中的自主性和自觉性。

第二节　德育的科学问题与价值问题

理清德育概念内涵还包含一个前提性的问题，即何为美德。康德将美德视为人在其自由意志主导下的道德自决，并将其终极根据归结为内心的道德律令，属于实践理性，因此是只有应该不应该而无真假的问题。这也就是说，关于美德的问题，是价值问题，而非科学问题。同时，包括德育学在内的教育科学诸学科又宣称自身所进行的是科学研究。如何理解德育领域的科学问题和价值问题之间的关系？这是我们在德育研究中绕不开的一个重要问题。

科学问题和价值问题是两类不同性质的问题。简而言之，科学问题的

---

① 张正江．德育科学化初探［M］．北京：人民出版社，2018：4-7.

对错取决于其内容的真假，而价值问题的对错只取决于判断者的立场。这是因为，科学命题是事实判断，而价值命题则是将主观价值赋予某事物或行动。例如："天下乌鸦一般黑"是一个事实判断，因而是可以被证伪的；而"乌鸦是一种好（坏）鸟"则是一个价值判断，是无法被证伪的。我们可以搜集越来越多的证据来不断证明"天下乌鸦一般黑"这个事实，也可以拿出一只白乌鸦来证伪该命题，但证明"乌鸦是一种好（坏）鸟"却完全不能用这种论证方法。由于论证科学问题和价值问题的方法有着根本的不同，因而这两类问题无法在同一个逻辑体系中进行论证。也就是说，我们无法将德育领域的科学问题和价值问题纳入同一个逻辑体系中同时进行讨论。

理论界也已形成这样的共识，即"道德包含着客观和主观两方面的内容"[①]，其中既有客观的社会伦理规范，也有主观的道德观念和修养，即既有外在的为人之"道"，又有内在的做人之"德"。这也就是说，"道德"这一概念包含着两方面的内涵：一是作为客观社会事实的道德伦理和行为规范；二是作为主观观念的道德认识和道德修养。无论作为社会历史存在，还是表现在具体个人的身上，这两方面都并不一定相互一致。社会伦理规范有可能只停留在理论上，个人的道德修养也可能只表现在口头上。牛津直观主义道德哲学家普理查德（H.A.Prichard）就曾感叹，与莎士比亚作品对人类生活的生动阐释相比，"道德哲学的讨论与现实生活的事实之间的距离是如此遥远"[②]。因此，关于道德的理论在关注观念形态的道德之外，还有一项十分重要却一直做得不够的工作，即关注作为客观社会事实的道德。道德的研究不能再局限于道德哲学的讨论，而应进一步拓展关于道德的社会科学研究。

肯尼迪道德研究所的高级研究员、乔治敦大学博尚（Tom L. Beauchamp）教授在其《哲学伦理学——道德哲学导论》一书中明确写

① 中国大百科全书总编委会．中国大百科全书：第 4 卷［M］.2 版．北京：中国大百科全书出版社，2009：433.

② PRICHARD H A. Does moral philosophy rest on a mistake?［J］. Mind，1912，21（81）：21–37.

道："这看来十分清楚，'伦理'（ethics）和'道德'（morality）这两个词不能局限于哲学语境。'伦理理论'（ethical theory）和'道德哲学'（moral philosophy）专指对道德的哲学反思。"[①] 在哲学反思之外，我们还需要对道德问题展开社会科学研究。俄克拉荷马大学人类繁荣研究所所长斯诺（Nancy E. Snow）教授认为，"道德科学是对人们做出道德或不道德决定、选择道德或不道德行为以及成为道德人的过程的调查和研究"[②]。这显然是一种面对客观社会事实的社会科学研究。道德哲学和道德科学领域的这些新进展，对德育研究，无疑具有十分重要的启发性。

德育研究是一个十分丰富复杂的研究领域，参与其中的不仅有德育学，还有道德哲学、伦理学、社会学和心理学等众多学科。在众多德育相关学科中，德育学作为一门科学，研究的是德育领域的科学问题，即研究我们如何更加有效地从事德育工作，而不是研究我们该教授怎样的道德。后者显然是一个纯粹的价值问题，应当交给伦理学或道德哲学来回答。在这方面，德育学与伦理学或道德哲学之间的分工本应十分明确。威尔逊在他的《道德教育新论》中文版序言中写道："由于我在本书中提出的道德教育概念并不是基于特定的信条、文化或社会传统，因此它对所有文化和社会团体来说都是适用的。"[③] 这种将道德教育从特定社会文化中抽离出来的做法，实际上也是想努力寻求德育研究对象的客观性，从而使德育学的研究结论获得跨文化的可通约性。

由于德育问题本身直接关涉价值，德育学的科学性质是否成立的问题也因而变得十分复杂。很多学者在面对这个棘手的问题时，都常常发现自己陷入了进退维谷的理论境地。但通过细致的辨析，我们显然能够在逻辑上为德育学的科学性质找到坚实的理论基础。法国社会学家涂尔干（Émile Durkheim）在讨论道德教育时，不得不首先声明"教育科学不是不可能的，但是教育本身却决不是科学"，他接着也否认教育是艺术，而将其归结为

---

① BEAUCHAMP T L. Philosophical ethics：an introduction to moral philosophy［M］. Boston：McGraw-Hill Higher Education，2001：4.

② SNOW N E. What is a science of virtue?［J］. Journal of Moral Education，2022，51（1）：9-23.

③ 威尔逊 . 道德教育新论［M］. 蒋一之，译 . 杭州：浙江教育出版社，2003：中文版序言 .

"教师的实践经验"①。涂尔干决然否认教育本身是科学，却认为教育科学是可能的，这实际上是承认教育本身必然包含价值问题，同时也承认了我们可以从科学的角度保持价值中立来探讨如何进行价值教育的问题。教育学来源于"教师的实践经验"，却不应局限于经验，它应当且可能成为一门科学②。诺丁斯（Nel Noddings）教授也认为，即便在讨论道德教育问题时，"至少在理论上，我们可以抛开不同群体建立的可接受性标准"③，从而建立一种超越价值立场的德育科学。

价值中立是科学的基本特征之一，而道德问题又必然涉及价值，这是德育学成为一门科学必须首先处理好的一个前提性的理论问题。要处理好这个问题，关键是对作为事实的美德和作为观念的美德做出区分，而这种区分，其实在伦理学界已经完成。迈阿密大学哲学系教授斯洛特（Michael Slote）就有专著进行这一区分。在他看来，"即使是常识，也会在道德美德（moral virtue），或者那些被当作道德美德的东西，与那些被当作一般美德（virtue überhaupt）的东西之间作出区分"④，因此，他提出要建立一门美德伦理学，"特意地抛弃道德的美德（moral aretaic）⑤概念，转而支持'中性的'美德（'neutral' aretaic）概念"⑥。这意味着，美德并非只能作为价值问题来谈论，而作为客观社会事实的美德也可以被当作科学问题来展开价值中立的分析研究。

在区分了作为客观社会事实的道德和作为价值观念的道德的基础上，我们还可以进一步对德育本身做出"直接德育"和"间接德育"的区分。所谓"直接德育"，主要是指直接传授关于道德观念和道德知识的教育活动；所谓"间接德育"，主要是指参与教育活动的人在处理相互关系中对他

---

① 涂尔干 . 道德教育［M］. 陈光金，沈杰，朱谐汉，译 . 上海：上海人民出版社，2006：5.

② 项贤明 . 教育学作为科学之应该与可能［J］. 教育研究，2015(1)：16–27.

③ NODDINGS N. Shaping an acceptable child［M］//GARROD A. Learning for life：moral education theory and practice. Connecticut & London：Praeger Publishers，1992：62.

④ SLOTE M. From morality to virtue［M］. Oxford & New York：Oxford University Press，1992：XVI .

⑤ aretaic，源于古希腊语 ἀρετή，即"美德"或"优点"。

⑥ 同④ .

人和自己的道德发展产生的影响。直接德育的主要任务是道德观念和道德知识的教学，与其他教学一样，所涉及的仍然是理智知识。这是一种客观的、外在的、因而也可教的道德，它与个人自身的道德修养并不是一回事情。因此，在一定意义上我们可以说，德育的真正成果实际上主要是在间接德育过程中达成的。间接德育弥漫于学生社会生活的各个具体领域，潜移默化，生成道德。在这个意义上，美德显然是不可教的，因为间接德育不是通过教学实现的，而是通过生活过程本身实现的。这种社会生活过程中的道德，显然应当是伦理学的研究对象。不过，无论是直接德育还是间接德育，其教育活动本身作为客观的社会现象，都可以成为德育科学的研究对象，至于这种现象中涉及的价值问题，则应当在伦理学的论域中进行讨论。通过对可教的美德与不可教的美德做出区分，我们在确定德育教学的有限性的同时，也确证了德育的可能性及其限度，进而在作为科学的德育学与伦理学或道德哲学之间划定了一条边界。

价值问题和科学问题的论证逻辑有着重大区别，无法兼容地安排在同一逻辑体系中进行论证，因此，作为一门科学的德育学，应当专注于研究德育领域的科学问题，而将德育领域的价值问题交还给伦理学，将该领域的政治问题交还给政治学。这同时意味着，在德育研究这一丰富复杂的学术领域，伦理学、政治学等相关学科也应当充分承担起各自的职责。

德育的可能性还涉及另一个前提性的问题，即一个人自身的道德修养须达到何等水平才能对另一个人讲道德？显然，直接德育，即关于道德知识的教学，不以教师自身道德修养水平为直接的前提条件，而主要看教师有关道德知识的水平；在间接德育中，教师自身的道德修养直接影响着其如何处理师生关系、同事关系等，也决定着其言行将对他人产生何种道德影响，因而的确是德育十分重要的前提条件之一。由此可见，我们通常所说的“师德”，就其德育功能而言，主要是在间接德育的过程中发挥作用的。

德育科学的价值中立，会不会导致德育过程中的“道德相对主义”，并由此造成德育迷失方向？德育活动的确不可能离开价值问题，也必然存在价值立场，因此，关于德育的研究必须涵盖价值问题。然而，由关于德育的研究不能忽视价值问题，并不能必然推导出德育学必须研究价值问题的结论，因为我们已经有专门研究价值问题的学科，如伦理学、道德哲学等，而专门研究如何更加有效地进行德育活动的却唯有德育学。不过，德育研究领域并非是德育学独占的，而是由德育学、伦理学、道德哲学、社会学等多学科共同分享的。稍微深入一点思考，我们就很容易发现，当我们谈论“道德相对主义”的问题时，我们实际上就已经不是在德育学的语境中，而是在伦理学或道德哲学的语境中言说了。

除了科学自身的逻辑要求外，德育科学的价值中立，其实质还在于保障道德教育的开放性，正如路易·勒格朗（Louis Legrand）所说的那样，在各种价值观念之间，“学习者应当置身于可以选择的状态”[①]，“在教育学方面，这一取向必然导致摒弃所有强制性的教学法”[②]。这是因为，正如马克思在《关于费尔巴哈的提纲》中所指出的那样，“环境的改变和人的活动或自我改变的一致，只能被看做是并合理地理解为革命的实践”，人只有作为主体才能在改变环境的过程中发展自身，人也只有作为主体才能获得真正的发展。保持德育的开放性和可选择性，正是维护人在德育过程中的能动性和主体地位的内在要求，是人在道德方面获得真实的发展的前提和基础。可选择性或非强迫性是马克思主义德育理论的基本特征，它是主体道德生成之真实性的重要条件之一。实际上，强迫性的德育环境和强制的道德灌输，是德育异化的表现之一，也常常是“两面人”和“伪君子”的重要成因。

德育学之所以要科学化，根本目的在于更好地为德育实践提供科学理论指导，从而更好地促进人的道德发展，进而助力社会走出德育疲弱的困局。要实现这一目的，德育学首先要在科学化的过程中不断提升其对德育现象的解释力，同时提高对社会生活中各种德育问题的批判力。

① 勒格朗.今日道德教育［M］.王晓辉，译.北京：教育科学出版社，2009：56.

② 同① 57.

第三节　德育的异化

我们今天面对的各种德育问题，其成因是复杂的、多方面的，但究其根本，道德的异化和德育自身的异化是重要根源之一。在这种异化过程中，道德从人通过认识和掌握社会规则从而在社会上获得自由的文化途径，蜕变成为限制人的自由、剥夺人的尊严的手段；德育由促进人道德发展的活动，变成了对人进行道德灌输、道德压迫和道德绑架的强制过程。在这种异化的德育中，人的道德发展没有问题丛生才是奇怪的事情。

真正的道德，即马克思所说的“作为道德的道德”，源于人作为实践主体的自由本质，因此，马克思说“道德的基础是人类精神的自律”[①]而非他律。作为主体的人是道德的前提，因为“道德是人的精神自决的方式”,“道德是人际、主体间相互作用的产物和结果”[②]。一个没有精神自决能力的人，也就不再有承担道德责任的能力。因此，我们在德育活动中可以对人的道德发展施以引导，但这种引导必须有一个绝对的边界，那就是它绝不可否定人的主体性，不可否定人的精神自决，而应在开放的德育过程中将最终的价值选择权永远留给人。

不列颠哥伦比亚大学心理学系的沃克（Lawrence J. Walker）教授将皮亚杰、科尔伯格等的道德发展理论归结为“结构－发展范式”（structural-developmental paradigm）。在道德教育理论领域，这种范式长期占据着绝对的领导地位。“这一观点起源于启蒙时代的思想，启蒙时代将人类理性提升到与道德上容易犯错的‘激情’和个性相对立的高度。道德理性被概念化为自我激励，以回应柏拉图关于知善即行善的格言”[③]。在这种认知主义的理

---

① 马克思恩格斯全集：第一卷［M］.2 版 . 北京：人民出版社，1995：119.

② 斯莫连采夫，波罗霍夫斯卡娅 . 道德异化的特点［J］. 黄德兴，译 . 现代外国哲学社会科学文摘，1996（3）：8–12.

③ WALKER L J . The character of character：the 2019 Kohlberg memorial lecture［J］. Journal of Moral Education, 2020,20（4）：381–395.

论看来，“道德教育的首要原则是促进学生向高级阶段的运动，亦即增加学生道德推理的成熟度”[①]。“这种传统体系中的道德教育倾向于为孩子们开一个‘美德袋’。道德变成了获得特定的、令人满意的反应的问题，这些反应是由系统权威成员强化塑造而成的，其结果往往是外部强加的、以规则为导向的道德”[②]；即便如科尔伯格等对“美德袋”理论提出批评，强调道德推理能力和道德判断力，也仍然没有从根本上摆脱这种以认知为基线的“结构－发展范式”。受这种理论的长期影响，我们的德育逐渐由引导的过程变成了一种塑造的过程，知识教学模式成为学校德育的主导模式，如考试这类评价知识学习的手段也被用来评价人的道德发展，“知道道德”被当成了“道德”本身。

这种将既成的道德律令强行灌输给人的德育，是脱离现实社会生活的德育，它给人的也是脱离社会生活的道德。道德律令的发明者康德就明确宣称：“道德法则向我启示了一种不依赖于动物性，甚至不依赖于整个感官世界的生活”[③]。马克思和恩格斯批评康德这种脱离现实社会生活的道德观，认为“他把这种善良意志的实现、它与个人的需要和欲望之间的协调都推到彼岸”[④]。道德在其本质上就是人们调节相互之间利益关系的社会规范，脱离了现实的具体的社会生活，脱离了个人的需要和欲望，道德实际上也就成了无本之木，因而失去其本质意义。德育如果给人强制灌输这种丧失了本质意义的道德，那么道德和德育本身将不可避免地发生异化，道德将在这种异化过程中蜕变成限制和压迫人的异己的精神力量，德育将变成钳制和扭曲人格发展从而培养伪善和反社会之人的教育活动。

强迫的德育必然导致德育的异化，因为正如马克思所指出的那样，“道德的基础是人类精神的自律”[⑤]，强迫人记住并且口头上认同某种道德，其实

① ARBUTHNOT J，FAUST D. Teaching moral reasoning：theory and practice［M］. New York：Harper & Row Publishers，1981：139.

② 同① 9.

③ 康德 . 实践理性批判［M］// 李秋零 . 康德著作全集：第 5 卷 . 北京：中国人民大学出版社，2007：170.

④ 马克思，恩格斯 . 德意志意识形态：节选本［M］. 北京：人民出版社，2018：112.

⑤ 马克思恩格斯全集：第一卷［M］.2 版 . 北京：人民出版社，1995：119.

质只能是道德胁迫或道德绑架而非德育。即便康德本人也承认，“意志的自律是一切道德法则和符合这些法则的义务的惟一原则；与此相反，任性的一切他律不仅根本不建立任何责任，而且毋宁说与责任的原则和意志的道德性相悖”[①]。他甚至认为，“自由的概念，就其实在性通过实践理性的一条无可置疑的法则得到证明而言，如今构成了纯粹理性的、甚至思辨理性的一个体系的整个大厦的拱顶石”[②]，“如果没有自由，在我们里面也就根本找不到道德法则”[③]。涂尔干虽然从社会伦理学角度出发将“纪律精神”列为道德教育的首要要素，却也不忘将“自主或自决”列为第三要素[④]。人的自由和自律是道德与德育的本质基础，这是众多思想家的共识。

恩格斯在《反杜林论》中旗帜鲜明地宣布：“我们拒绝想把任何道德教条当做永恒的、终极的、从此不变的伦理规律强加给我们的一切无理要求”，因为“一切以往的道德论归根到底都是当时的社会经济状况的产物”，只有在消灭了阶级对立的社会，“真正人的道德才成为可能”。[⑤]劳动的异化导致人与自身产品的异化，进而导致人与人的异化，因而道德的异化和德育的异化及其克服，与劳动的异化及其克服，不仅在逻辑上是一致的，而且在现实的历史发展过程中也是一致的。扬弃劳动异化的过程，与扬弃道德异化，以及人通过自己的实践活动寻求自由和解放的历史过程，在总体上也是一致的。也只有在这种逻辑的和历史的统一性上，我们才能从根本上正确理解道德作为人的全面发展的一个重要方面的意义，才能正确理解德育作为马克思主义教育学“五育”理论有机组成部分的内在逻辑联系，才能领会马克思主义的德育与“每个人的自由发展是一切人的自由发展的条件”[⑥]的社会理想之间的必然关联。

德育异化与道德异化密切关联，异化的德育给人的也只能是异化的道

---

① 康德．实践理性批判［M］// 李秋零．康德著作全集：第 5 卷．北京：中国人民大学出版社，2006：36.

② 同① 4.

③ 同① 5.

④ 涂尔干．道德教育［M］．陈光金，沈杰，朱谐汉，译．上海：上海人民出版社，2006：17–93.

⑤ 马克思恩格斯文集：第九卷［M］．北京：人民出版社，2009：99–100.

⑥ 马克思，恩格斯．共产党宣言［M］．北京：人民出版社，1997：50.

德，其现实表现可谓复杂多样。就其最直接的表现而言，道德异化是“当道德价值观被它们的代用品、仿制品替代时所产生的现象。在这种情况之下，道德成了一种形式上的义务”①。这种道德价值观的仿制品和代用品，往往是某种外在力量强加给人的道德律令，甚至只是强行灌输给人的某种政治口号，而不是人在自身社会实践和自我发展过程中生成的道德修养和政治价值观。这里所说的人在社会实践中发展自身的过程，与人的教育过程在本质上是一致的。这也就是说，异化了的德育，在本质上已经不是真正的教育，而是变成了与真正的教育相对立的东西。在异化了的德育过程中，人所获得的并不是真正的道德发展，而是进行虚假道德表演的本领。这种虚假道德表演的目的，往往是获得某种个人利益，或者只是对某种奴役的盲目服从，因此，这种道德仿制品和代用品，实际上也是与人类真正的道德相对立的。

德育异化的另一个现实表现，就是与人的现实社会生活相脱节。这种德育热衷于给人灌输某些道德观念，强迫人记住并表示接受这些道德观念，然后还通过考试等手段来评价人对这些道德观念的“掌握”和“理解”程度等。人能够在德育课程考试中做出某种被认为正确的反应，就会被视为德育的成功。即便在这一过程中会给人呈现某些所谓案例，这些案例实际上也是作为一种需要“知道”“记住”“理解”的知识而呈现在人的面前的。所有这一切，都与人自身的社会实践没有关系，与人在社会生活中真实的道德体验和道德实践没有关系。德育原本应当紧密结合现实的社会生活来引导儿童的道德发展，始终将儿童看作在社会生活中能动地建构道德的主体，而异化了的德育却只将儿童看作一个可以行走的“美德袋”，袋子里的美德都是他人装进去的，而不是属于儿童自己的。

德育的异化还有一个主要现实表现，也是其更根本的现实表现，就是人在道德方面的片面发展。马克思在论述人通过对私有财产的积极扬弃而克服异化时曾指出：“人以一种全面的方式，就是说，作为一个完整的人，

① 斯莫连采夫，波罗霍夫斯卡娅．道德异化的特点［J］．黄德兴，译．现代外国哲学社会科学文摘，1996（3）：8–12.

占有自己的全面的本质。”他将这种扬弃过程描述为“为了人并且通过人对人的本质和人的生命、对象性的人和人的产品的感性的占有”①。只有人在感性和理性两方面平衡和谐地发展，才是人的全面发展。作为人的全面发展的一个方面，德育同样也包含“知、情、意、行”等多方面丰富的内容，其中“情、意、行”三者均包含非理性的因素。如何突破亚里士多德以来的理性主义传统的局限性，将这些理性的和非理性的方面在逻辑上联系起来？伦理学和德育学对此均有不少探索。诺丁斯教授在《学会关心——教育的另一种模式》一书中写道：“我们需要这样一条线索，它能够贯穿起我们生命最本质的部分，连接那些我们真正重视的东西：激情、态度、连续性、忧患意识和责任感。我愿意把关心作为这条线索。”② 这条“关心”的线索，也就是关怀主义的理论模型。

在亚里士多德的伦理学中，“美德”分为“理智的美德”和“道德的美德”，其中“道德的美德”是在“理智的美德”基础上通过理性控制情感和欲望而表现出来的德性。道德的理性主义传统由此延续下来，成为长期指导道德教育的理论基础之一。在当今的道德教育领域，“对道德的理性问题，回应主要有三种途径：非认知主义、新认知主义和关怀学派”③，新认知主义延续理性主义传统，非认知主义否认道德判断可以由理性证明，而关怀学派试图以“关怀”来调和这两方面。但关怀学派也认为“作为‘训练智力’的理性主义不是教育的主要目标和领域”④。诺丁斯从关怀学派和女性主义的视角提出了“可接受的儿童”（acceptable children）的概念，主张德育应从关爱的角度出发帮助孩子融入社会，她说：“我们要塑造可接受的儿童，使他们能够给予和接受爱，过完整的职业和公民生活，并在世界上敏感而安

① 马克思．1844年经济学哲学手稿［M］．北京：人民出版社，2014：81.

② 诺丁斯．学会关心：教育的另一种模式［M］．2版．于天龙，译．北京：教育科学出版社，2011：61.

③ CHANZAN B. The state of moral education theory［M］//GARROD A. Learning for life：moral education theory and practice［M］. Westport：Praeger Publishers，1992：6.

④ 诺丁斯．关心：伦理和道德教育的女性路径（第二版）［M］．武云斐，译．北京：北京大学出版社，2014：129.

全地行走。”[①] 她设想德育要“在一个充满支持和鼓励气氛的环境里，孩子们学会如何适当回应他们所依靠的人给予他们的关心，进而发展关心他人的能力”[②]。这种“可接受的儿童”，而非“令人满意的”儿童，是在“关怀”这种主体际交往实践中能动地生成的，而不是纯然被动地任由他人“塑造”出来的。

在关怀学派那里，“关怀”十分重要。“关怀伦理学认为，‘关系’是本体之基础，而‘关怀的关系’则是道德之基础。我们应该关注‘关系’，而不仅仅是有形的道德主体。”[③]然而，关怀学派显然并没有揭示道德问题的本质。问题的本质在于人是作为主体相互关怀的，离开了道德主体，也就不可能有什么“关怀的关系”。关怀双方的任何一方丧失了主体地位，“关怀”都必将异化为“塑造”，德育的异化也将不可避免。诺丁斯说：“从关怀观点出发，道德教育有四个重要的要素：榜样、对话、实践和肯定。”[④] 在这里，“实践”内在包含了人的主体性，而“对话”“榜样”“肯定”则暗含了主体际交往关系，但诺丁斯尚未在理论上明确这一点。有些关怀学派的学者认为“关怀是明确的劳动”[⑤]，但也有另一些关怀学派的学者认为，“如果接受马克思关于生产和再生产劳动的区分，又接受如一些建议所言仅仅视关怀为再生产性的劳动，这样看会丢失关怀的方式”[⑥]。充分肯定人在德育活动中绝对的主体地位，所有的因素都现实地、必然地在作为主体的人的能动的社会实践中有机地统一起来，这是马克思主义德育理论对这个问题的回答。这个回答，在新的理论高度超越了非认知主义、新认知主义和关怀学派。

道德异化的本质是人在德育活动中主体地位的丧失，表现为人在德

---

① NODDINGS N. Shaping an acceptable child［M］//GARROD A. Learning for life：moral education theory and practice［M］.Westport：Praeger Publishers，1992：68.

② 诺丁斯 . 学会关心：教育的另一种模式［M］. 2 版 . 于天龙，译 . 北京：教育科学出版社，2011：65.

③ 诺丁斯 . 21 世纪的教育与民主［M］. 陈彦旭，韩丽颖，译 . 北京：人民出版社，2015：159.

④ 诺丁斯 . 教育哲学［M］. 许立新，译 . 北京：北京师范大学出版社，2008：238.

⑤ 赫尔德 . 关怀伦理学［M］. 苑莉均，译 . 北京：商务印书馆，2014：47.

⑥ 同⑤ 48.

育过程中受制于人，不能自主地做出价值判断和价值选择。异化了的德育“通过控制人的精神而扼杀人的独立性和进取心，否定人积极干预社会生活的意向和能力”[①]，因而也否定了人的主体性。认知主义传统下的德育观坚信，是所谓教育者在塑造受教育者的过程中赋予了后者美德，然而，事实是人建构了道德而不是相反，因而人不仅内化道德，而且在共同的社会实践中建构社会道德，也只有在人自己的社会实践中建构起来的道德，才是真正内化了的道德，才是能够作为其真实的道德修养发挥效能的有生命力的道德。人是主体，“道德是为了人而产生，但不能说人是为了体现道德而生存”[②]。所谓教育者和受教育者都在共同的实践过程中获得道德发展，无论是直接德育和间接德育，都是双方共同参与的社会实践，双方都是德育这种社会实践的主体。克服德育的异化，在观念上和实践中都涉及多方面的条件，但究其根本，确立人在德育过程中绝对的主体地位是关键。

在学校德育课程及其实践中，最为重要的就是摒弃那种将德育理解为一种止步于“知道”的过程的狭隘德育观，变革套用知识教学模式的德育课程实践模式。在德育教学过程中，要始终将学生当作一个具有自主性、能动性和创造性的独立的人，而不是将其仅仅视作一个个等待教师去填充的被动的“美德袋”。要认识到，学生的价值观必须由学生自己在其社会生活实践的基础上，通过自己的思维活动才有可能真正建立起来。脱离了学生自主的生活实践和价值观思维，任何关于美德的知识都难以获得道德意义，因而也难以真正构成学生价值观念的有效组成部分。唯有激发学生内在的道德思维，其价值观才有可能在其自己的生活实践和价值思维过程中逐步能动地建构起来。在此基础上，我们才可能解决德育课程异化为一种特殊学业负担的问题，恢复学校德育的本真意义。

德育在马克思主义教育学关于“五育”的理论中占有极其重要的地位，长期以来一直受到高度的重视。德育领域的问题比较多，也比较复杂，这

① 鲁洁. 转型期中国道德教育面临的选择［J］. 高等教育研究，2000（5）：6–10.

② 弗兰克纳. 善的求索：道德哲学导论［M］. 黄伟合，包连宗，马莉，译. 沈阳：辽宁人民出版社，1987：247.

些问题往往都与德育的异化有着某种内在联系。准确把握德育概念的内涵及其本质，正确理解德育领域的价值问题和科学问题，是我们科学认识德育异化现象的基础。以马克思主义实践哲学及其关于异化的理论为思想武器，科学地剖析德育异化现象的根本原因，探索克服德育异化的根本途径，这是我们德育学逐步走向科学的起点，也是我们在实际德育工作中取得更多成功的认识论基础。

第二章　智　育

智育是现代教育思想史上的一个基本概念，也是马克思主义教育学理论体系中的一个重要概念，是其“五育”理论的一个有机组成部分。智育概念在教育学理论体系中，尤其是在教学论、课程论中，处于核心地位。在我们的教育方针中，智育概念是最基本的内容之一。在教育实践中，智育也长期占据着十分突出的地位。很多现实教育问题，都与我们对智育概念的错误理解有着某种联系。立足新时代教育改革和发展的实际，对智育概念的内涵及其产生和发展的历史进行更加深入细致的解析，并在此基础上对教育实践中的相关问题进行反思，无疑具有重要的理论价值和实践意义。

第一节　智育概念与教育的知识转向

智育虽然是一个现代教育思想史上的基本概念，但有关智育的教育思想却由来已久。在总体上，关于智育的教育思想经历了一个从人的整个精神世界的培育到聚焦于发展理智认识能力的知识教学的转变，这个转变的标志之一就是专门的智育概念的产生。要科学地认识和理解当代人类社会一系列教育问题，从智育概念入手，在理论上弄清现代教育的知识转向是关键之一。

在西方教育思想史上，古希腊哲人已经有众多关于心智教育的论述。苏格拉底特别重视关于心智的教育，他认为心灵“会把一切都安排得最好”,“一切别的事物都系于灵魂”[①]。柏拉图在他的《理想国》中就明确提出

① 张法琨．古希腊教育论著选［M］. 2 版 . 北京：人民教育出版社，2007：37，44.

了“教育就是用体操来训练身体，用音乐[①]来陶冶心灵”[②]的教育思想。亚里士多德的《政治学》《尼各马可伦理学》等著述中也详细论述了有关心智教育的问题，认为儿童学习读写并非限于实用，“而是为了通过它们得以步入更加广阔的知识天地”[③]。他将人的美德分为心智的和道德的两种，其中心智的美德就是沉思生活，因为“德性活动的最大快乐也就是合于智慧的活动”[④]。需要特别注意的是，古代意义上的智育在多数语境中是包含了德育等其他方面的，它涵盖了人的整个精神世界的发育和成长。直到科学教育学的奠基人赫尔巴特（Johann F. Herbart）那里，尽管他认为教育目的是多元的，但道德仍然是“教育的最高目的”,“教养的其他部分”只是德育的“先决条件”[⑤]。他将教学分为“知识教学”和“道德教学”，但“知识本身并非教育的目的，而唯有使之成为意志陶冶之手段时，始具有价值”[⑥]。

中国古代关于人的心智发展的教育思想传统，更加重视的是心性修养，而不是客观知识的获取。子曰：“吾有知乎哉？无知也。有鄙夫问于我，空空如也。我叩其两端而竭焉。”[⑦]可见在孔子那里，中庸之“道”远比琐细的知识重要。这种将“知道”置于“知识”之上的观念，一直贯穿于先秦至近代的中国教育思想传统之中。孟子也认为，“尽其心者，知其性也。知其性，则知天矣”[⑧]，因此“学问之道无他，求其放心而已矣”[⑨]。《礼记》将“格物致知”作为人之修养成人、“明明德于天下”的基础，而教育“皆以修身为本”。[⑩]直到明清之际的王船山，才在肯定“道者器之道，器者不可

---

① 古希腊的“音乐”包含了文学等，近似于今天的“文化艺术”。

② 柏拉图．理想国［M］．郭斌和，张竹明，译．北京：商务印书馆，1986：70.

③ 苗力田．亚里士多德全集：第九卷：政治学［M］北京：中国人民大学出版社，1994：275.

④ 苗力田．亚里士多德全集：第八卷：尼各马科伦理学［M］．北京：中国人民大学出版社，1994：227.

⑤ 赫尔巴特．普通教育学·普通教育学讲授纲要［M］．李其龙，译．北京：人民教育出版社，1989：36.

⑥ 詹栋梁．赫尔巴特教育思想之研究［M］．台北：水牛出版社，1979：139.

⑦ 程树德．论语集释：第二册［M］．北京：中华书局，1990：585.

⑧ 杨伯峻．孟子译注：下册［M］．北京：中华书局，1960：301.

⑨ 同⑧ 267.

⑩ 朱熹．四书章句集注［M］．北京：中华书局，1983：3–4.

谓之道之器也”[①] 的基础上，提出要将“博取之象数，远证之古今”和“虚以生其明，思以穷其隐”[②] 两条分别由性生知和格物致知的求知路径相结合。不过，这里的“知”仍然是一个和“行”相对的哲学范畴，是与道德行为相关的道德意识，不同于智育理论中所说的现代意义上的“知识”，尽管其中“也包含着一般认识论意义”。[③] 在一定意义上，我们可以说，现代意义上的“智育”是一个由欧美传入我国的教育学概念。

现代意义上的“智育”，学界一般认为最早由英国思想家斯宾塞（Herbert Spencer）提出。斯宾塞于1854年、1858年和1859年分别在《北不列颠评论》和《不列颠季刊》发表评论性文章，以拉马克进化论为其教育思想的基础，提出了近现代意义上的“智育”、“德育”和“体育”的概念[④]。在“智育”概念产生的历史背景中，最应引起我们关注的便是科学的兴起。斯宾塞认为科学知识最有价值，因而科学“在智慧训练上是最好的”，它可以培养人用理智去判断事物[⑤]。科学的兴起，给人类教育在古代传统的读写算等基本生活技能和道德修养这两大基本任务之外，增加了科学知识教学这一新的基本任务。随着科学的迅速发展及其在社会生活中的作用日益扩大，知识和知识教学从此成为人类教育，尤其是学校教育的中心任务。科学的兴起与教育的知识转向是密切联系在一起的长期历史过程。实际上，在斯宾塞之前，从夸美纽斯开始，知识教学在现代教育中的地位就日益凸显。学校教育制度的产生，又进一步强化了知识教学在人类教育活动中的中心地位。英国教育学者博伊德（William Boyd）和金（Edmund King）在其经典的《西方教育史》中冠之以“理智的因素”和“制度的因素”[⑥] 来阐述从19世纪下半叶到20世纪下半叶这段教育发展的历史。“智育”概念的萌芽、产生和发展贯穿这一历史过程，并成为这一阶段人类教育发

---

① 王夫之．周易外传［M］．北京：中华书局，1977：203.

② 王夫之．尚书引义［M］．北京：中华书局，1976：76.

③ 方克立．中国哲学大辞典［M］．北京：中国社会科学出版社，1994：447–448.

④ 斯宾塞．斯宾塞教育论著选［M］．胡毅，王承绪，译．北京：人民教育出版社，2004：47–224.

⑤ 同④ 41，42，44.

⑥ 博伊德，金．西方教育史［M］．任宝祥，吴元训，主译．北京：人民教育出版社，1985：377，379.

展的重要标志性概念之一。

教育学界对“智育”这个概念的阐释虽然各有侧重，但大同小异。我国教育学界一般认为“智育是担负培养学生智慧能力任务的教育”，主要向学生传授科学文化知识，形成学生的技能，培养学生的能力，发展学生的智力。[①] 顾明远先生主编的《教育大辞典》“智育”词条这样界定这个概念：“智育，亦称‘智力教育’。使受教育者掌握系统科学文化知识与技能、发展智力的教育。”[②] 苏霍姆林斯基认为，智育“包括获取知识、形成科学世界观、发展认知和创造能力、养成脑力劳动的技能、培养脑力劳动的兴趣和要求、以及不断充实科学知识并将其运用于实践的兴趣和要求”[③]。总之，科学文化知识、科学文化观念、科学认识能力等，构成了智育概念的核心内容。尽管相关理论在教授知识之外还增加了发展智力的任务，但这里的“智力”已经无法涵盖人的整个心智世界，而是专指其中与科学知识密切相关的理智认识能力那部分。从此，心智教育的重心从完整的人的精神世界的养成转向知识教学，人格修养这一传统教育任务从心智教育中分化出来，专门交给了德育。但此时的德育，也逐渐蜕变成关于德育知识的教学。19 世纪下半叶以来教育的这种知识转向，使得现代教育再难对人的整个精神世界的发育和发展提供全面的支持，人的片面发展因而也就难以避免了。关于德育等概念，笔者将另行撰文进行理论解析和实践反思，这里限于篇幅，不再赘述。

康德经常使用检查塔基的比喻来说明基础理性批判的重要性，他说“人类理性非常爱好建设，不只一次地把一座塔建成了以后又拆掉，以便察看一下地基情况如何”[④]。德育、智育和体育这几个基本概念，从 19 世纪中叶至今，已经在我们的教育学理论中存续了 170 余年，对我们的教育理论

---

① 皮连生 . 智育心理学［M］. 2 版 . 北京：人民教育出版社，2008：2–3.

② 顾明远 . 教育大辞典：增订合编本：下卷［M］. 上海：上海教育出版社，1998：2048.

③ 穆欣 . 智育的奥秘：苏霍姆林斯基论智育［M］. 刘文华，杨进发，陈会昌，译 . 太原：山西人民出版社，1988：17.

④ 康德 . 任何一种能够作为科学出现的未来形而上学　导论［M］. 庞景仁，译 . 北京：商务印书馆，1978：4.

和实践产生了深刻而广泛的影响。以知识教学为主的智育，如今已成为学校教育最为主要、最为核心的任务。德智体全面发展是我们教育工作的基本指导方针。在迈向 21 世纪中叶的今天，教育及其社会背景都发生了巨大而深刻的变化，由教育转向以知识为中心所带来的诸多问题日益突出，对智育等这些基本概念作一些理论的清理和相关实践的反思，已是十分必要。

第二节　智育概念的横向解析与反思

虽然智育概念在我们的教育学理论中占据十分重要的地位，智育又是我们学校教育最为主要的任务之一，但或许是因为理论界对这一概念的认识没有太多的分歧，关于智育概念系统全面的理论解析似乎并不多见。这一现象本身就值得我们关注和反思。联系相关教育实践，在理论上稍加解析，我们就很容易发现，不少教育问题都与我们对智育概念认识的局限有着内在的联系。

如果从横向来对智育概念进行理论解析，我们可以看到，智育这一概念至少包含三个不同的含义。

一是作为一种教育活动的智育。这是智育概念最常见、被最广泛接受的基本含义。前文已经提及，教育学界相关的工具书、教材和论著，大都从这一角度来阐释智育概念，认为智育是一种向受教育者传授科学文化知识并发展其智力的教育活动。就学校教育实践而言，智育主要体现为知识教学活动。如今这已经成为学校教育中最为主要的一种教育活动。虽然教育学界很多学者都强调不可混淆“智育”和“教学”这两个概念，认为这两个概念之间是交叉关系，但“智育是以系统的科学知识和技能武装学生、发展学生智力的教育”[①] 这类观点是比较普遍被接受的，而传授科学知识的主要途径无疑还是知识教学。在学校教育实践中，知识教学无论是在时空

① 鲁洁，班华，钱孝珊，等. 教育学［M］. 3 版. 北京：人民教育出版社，2005：189.

上还是在主观重视程度上等诸多方面，都占据着最为突出的地位。

二是作为人的全面发展的一个方面的智育。这一含义也比较常见，尤其是在我们的教育方针经典表述中，智育主要是作为受教育者发展的一个方面而被强调的。1957 年 2 月，毛泽东在《关于正确处理人民内部矛盾的问题》中明确指出："我们的教育方针，应该使受教育者在德育、智育、体育几方面都得到发展，成为有社会主义觉悟的有文化的劳动者。"这成为我国教育方针的经典表述，此后教育方针的具体表述尽管有多次变化，但关于德智体全面发展的核心内容一直没有发生根本性的改变。在这一经典表述中，智育显然指的是受教育者发展的一个方面。也就是说，智育既指一种使受教育者掌握科学文化知识并发展智力的教育活动，又指这种教育活动的结果，即受教育者通过智育活动在科学文化知识和智力方面所得到的发展。

三是作为教育活动一个维度的智育。智育概念的这项含义在教育学界较少提及。笔者在 1997 年提交并通过答辩的博士学位论文中提出，所有教育活动都包含如图 2-1 所示的生命、知识、道德和审美这样四个维度，其中生命维度是教育活动的基础，知识和道德维度是教育活动的两翼，而审美维度是一个教育活动完成之后，受教育者对自身获得的新发展的享受和欣赏的状态①。教育活动的知识维度，也就是所有教育活动都包含着的智育方面。例如在体育活动中，教育者也要向受教育者传授相关的知识，告诉受教育者如何才能跑得更快、跳得更高，这是一般体育活动不可或缺的重要环节；在德育活动中，向受教育者传授有关道德知识，更是十分重要的环节，甚至如今已成为学校德育的主要任务之一。根据智育概念的第一项含义，这些关于体育和道德等方面的知识教学，无疑也是一种科学和文化知识的传授，是一种智育。

① 项贤明 . 泛教育论：广义教育学的初步探索［M］. 太原：山西教育出版社，2000：46–51.

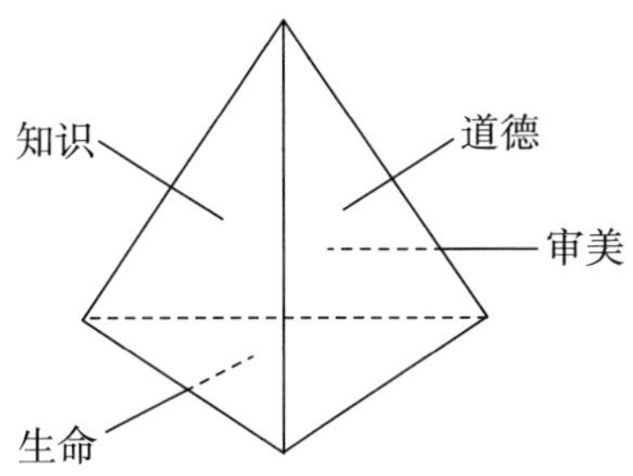

图 2-1　教育活动四维度

智育作为教育活动的一个维度与其他维度之间的内在联系，并非一个纯粹理论的主观构想，而是从教育实践中得来的科学认识。“在教育实践中，智育同其他各育的相互渗透是必然的。实际工作中，不可能单独实施‘纯粹’的智育。”[①]我们说德育、智育和体育等各种教育活动相互渗透，并不是说在从事某种教育活动时外在附加上另一种或几种教育活动，而是说所有教育活动都内在地包含着德育、智育、体育和美育的维度，因而我们在从事某一教育活动时，切不可只关注其中一个维度而忽视其他维度。在这里主要对作为教育活动一个维度的智育稍加阐述。

作为教育活动知识之维的智育，包含于所有教育活动之中，同时也与教育活动的其他维度内在紧密地联系在一起，是一个完整教育活动不可或缺的组成部分。一方面，我们从事包括智育活动在内的各种教育活动，都不应忽视知识这个重要的一翼。无论是知识教学，还是德育或体育活动，让受教育者全面正确地理解和掌握相关知识，都是重要的基础。另一方面，在智育活动中，我们也要重视智育活动本身包含的四个维度，要认识和发挥智育活动不同维度的重要作用。

智育活动内在包含着道德维度。我们常说“在所有教育教学过程中渗透德育”，并不是说教育者在从事某种教育活动时，生硬地附加上一些德育内容，譬如在数学课堂上顺便讲一讲有关道德的内容，而是包括智育在内的所有教育活动实际上都内在地包含着德育维度。无论是在数学教学还是

① 鲁洁，班华，钱孝珊，等．教育学［M］．3 版．北京：人民教育出版社，2005：191.

在其他智育活动过程中，我们都不可避免地要在教育过程中处理人与人之间的关系，因而也就不可避免地内在包含了德育的方面。一名数学教师在数学课堂上讲授某个数学定理，他可以平等、公正地对待他的学生，尊重每一个学生，也可以傲慢地对待学生，甚至按利益或亲疏关系来有差别地对待不同的学生，尽管他在教学过程中根本不提任何有关道德的内容，但他的教学过程本身就已经内在包含了德育的维度。忽视智育活动的道德维度，我们大量的德育活动实际上也就处于不自觉的状态，对学生道德发展的消极影响也就难以避免了。

在智育活动过程中，其生命维度对智育能否真正获得成功有着基础性和决定性的重要作用，但我们在教育实践中却常常忽视智育活动的生命维度。我们在课堂上讲授数学定理、布置数学作业，往往并不关心学生的生命状态，不关心他们昨晚的睡眠是否充足，甚至不关心他们的抽象思维水平的个体差异……。我们常常不假思索地认为，只要教师努力教、学生努力学，教法和学法得当，就能取得良好的成绩。教育实践经验一再告诉我们，忽视智育活动的生命维度，智育活动就很难获得良好的效果。然而，对此我们却一直缺乏深入系统的反思。

审美活动的本质，是人对自身本质力量对象化（即劳动实践活动）的成果的享受和欣赏。马克思主义哲学认为，“人不仅通过思维，而且以全部感觉在对象世界中肯定自己”，[①]“正是在改造对象世界的过程中，人才真正地证明自己是类存在物”，[②]因此，马克思说“劳动生产了美”[③]，并激励人进一步按照美的规律来塑造自身。教育活动的审美维度在实践中表现为人在通过教育活动获得某种发展后对自身所获得的发展的一种享受和欣赏的状态。孩子刚学会走路，往往不愿被抱着，他要享受和欣赏自己的这种新发展。忽视智育活动的审美维度，是知识变成“学业负担”的重要原因之一。人是天生爱好知识的，孩子自幼就充满好奇心，有着强烈的求知欲。在本

① 马克思 . 1844 年经济学哲学手稿［M］. 北京：人民出版社，2014：83.
② 同① 206.
③ 同① 201.

质上，智育活动应当内在包含了审美维度，因此，学生在一个智育活动过程结束时，掌握了某些新知识和新能力，本应当进入对自身这些新发展的享受和欣赏的境界。然而，知识进入学校课堂，却变成了人的一种负担，究其原因，我们在智育活动过程中忽视其审美维度，使得知识学习过程变得了无生趣，是这一教育症候的根本性原因之一。

通过横向的解析，我们发现智育概念存在多个维度，忽视其中某些维度，或某些维度的缺失，是很多现实教育问题产生的根本性原因。然而，至此我们仍然不能解释，那些“乐学会学”，看似在智育方面获得极大成功的所谓“学霸”，为何有些人不仅在体育或道德发展方面存在各种问题，而且即便在科学文化知识的理解和掌握方面，也往往存在很多问题，因而出现所谓“高分低能”“有知识没文化”等教育现象。要解释这类现象，我们还需要对智育概念做纵向的解析和反思。

第三节　智育概念的纵向解析与反思

按照教育学界通行的定义，智育的核心任务就是给受教育者传授科学文化知识，并发展其智力。然而，我们给受教育者传授的科学文化知识，如何转化为他们的智力发展？教育学界相关探讨并不多见。从以考试成绩为依据来选拔人才的教育评价方式来看，我们似乎都默认了这样一条原理：科学文化知识学多了、学深了、会用了，认识世界和改造世界的能力就增强了，智力也就发展了。但大量“高分低能”“有知识没文化”的培养结果，却让我们不得不对这样的默认共识产生怀疑。

教育学界在将智育定义为给受教育者传授科学文化知识并发展其智力的同时，也承认和强调智育不能等同于简单的知识累积。在对智育过程之本质的认识上，以斯宾塞为代表的实质教育派强调知识本身的价值，认为知识的学习和积累自然就能促进智力的发展；以赫尔巴特为代表的形式教育派则认为，智育的重要性不在于知识学习本身，而在于通过知识学习来促进受教育者思维能力的发展，知识不过是智力发展的材料。教育学界不少人提出这两种理论所强调的不同方面应当是辩证统一的，但关于两方面如何辩证统一的系统论述却较少见到。

教育学界有很多研究者，尤其是教学论研究者们，也对智育的过程进行了一系列线性的解析，将其划分为认知、理解、巩固、运用等多个环节，认为当学生能够正确理解并运用有关科学文化知识的时候，智育过程的形式方面和实质方面也就实现了辩证统一。然而，这类关于智育过程的解析，实际上仍然局限于具体的知识教学本身，并未突破实质教育派的窠臼，也没有真正达成智育过程的形式和实质两个方面的辩证统一，因而无法对“高分低能”“有知识没文化”等教育现象和问题作出科学的解释，更不可能为解决这些教育问题找到根本出路。

苏霍姆林斯基对这个问题曾有过这样的论述：“智育是在获取科学知识的过程中进行的，但又不能归结为一定知识量的积累。只有当知识转变为个人信念、转变为人的精神财富、从而影响到他生活的思想方向和他的劳动、社会积极性及兴趣的时候，知识的获取过程及其质的深化过程才能成为智育的要素。世界观的形成是智育的核心。”① 苏霍姆林斯基在这里阐述了一个从具体的“知识”到系统的“世界观”的发展和转化过程，他认为这个“质的深化过程”才是智育的本质过程。苏霍姆林斯基的这些论述使我们认识到，要真正把智育过程的形式方面和实质方面统一起来，我们还必须对智育概念进行一个纵向的解析，从而在理论上弄清外在客观知识通过智育转变为受教育者自身主观精神世界之有机组成部分的升华过程。

在智育过程中，除了对具体知识的认知、理解、巩固、运用等线性过程之外，还存在一个在新知识与自己已有知识之间建立联系，并产生属于自己的新认识，进而形成自身智慧和精神的升华过程。皮亚杰（Jean Piaget）认为，“一切认识，甚至知觉认识，都不是现实的简单摹本”②，而是

① 穆欣．智育的奥秘：苏霍姆林斯基论智育［M］．刘文化，杨进发，陈会昌，译．太原：山西人民出版社，1988：17.

② 皮亚杰．生物学与认识：论器官调节与认知过程的关系［M］．尚新建，杜丽燕，李浙生．译．北京：生活·读书·新知三联书店，1989：4.

在主客体相互作用中的一种建构过程，其中包括通过“同化”（assimilation）和“顺应”（accommodation）等机能，完成从生物或心理性过程向认识性过程的转化。[①]这不只是知识的掌握和累积过程，而且是一个由具体的、琐细的知识到抽象的、整体的精神之升华过程。从教育学的视角，我们将智育的这种升华过程分为四个层次：（1）常识层次的教育使人具备作为常人应有的知识和技能，从而能在社会中正常生活；（2）知识层次的教育教给人关于自然界和人类社会的理智认识，这种理智认识是可以系统化的；（3）智慧层次的教育帮助人将所学的常识和知识等转化成自身认识世界和改造世界的能力，使客观外在的常识和知识真正变成自己主观世界的一部分，并形成相应的实践能力；（4）而精神层次的教育则使人能够在更深层次上认识和理解事物的规律，并建立自己思想的基本原则和基本信念。我们用图2-2所示的教育心智塔来展示智育的这种纵向结构。在智育活动中，我们在哪一个层次上教授知识，往往就决定了我们的智育能够达到什么样的境界，决定了智育能否真正取得最后的成功。

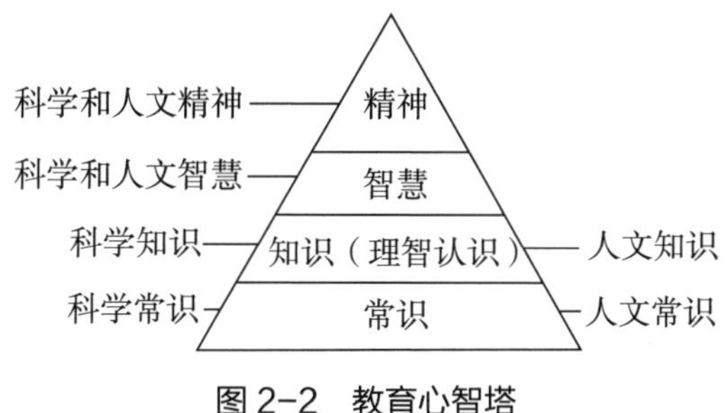

图2-2 教育心智塔

教育心智塔中所示教育的这四个层次，揭示的是智育的纵向结构。这里所说的“智育”，涵盖了智育概念的三条义项，即它不仅指专门的智育活动，还包括各种教育活动的智育方面，以及教育过程中人在心智方面的发展。也正是为了强调这种全面性，我们称之为“教育心智塔”而非“智育塔”。教育心智塔，由低到高，从常识、知识到智慧和精神，其间存在着一种由外在到内在、从局部到整体、从具体到抽象、从低级到高级的渐次递

---

① 皮亚杰.生物学与认识：论器官调节与认知过程的关系［M］.尚新建，杜丽燕，李浙生.译.北京：生活·读书·新知三联书店，1989：165-177.

进关系。一个人记住了某个知识，并非就掌握了这个知识，而是还需要将其转化成自己的认识能力，使其真正成为自己的知识。这个内化过程，也是这个知识整合到个人认知图式中去的过程。只有经过了这样的转化，这个知识才能摆脱具体情境的局限而达到更加抽象的认识层次，个人才能触类旁通地运用这一知识，进而这个知识才能融合到个人的精神世界中去，变成个人整个世界观的一部分。

通过对智育概念的纵向解析，我们发现，人的心智教育，绝非仅限于知识的传授和累积，而是从常识和知识入手，对人的整个精神世界施加教育影响。智育的最终成果，不是一个人记住了多少知识，而是他的精神世界的丰富和发展。科学知识的获取和积累，并不能必然导致科学智慧和科学精神的产生。我们就应当认识到这一点，在科学知识的教授过程中，要时刻关注科学智慧和科学精神的培养，从而真正达成智育的目标。在智慧和精神的层次上，科学和人文是统一的，知识和人格的发展是一体的，因而智育和德育、美育等教育的不同维度也是有机联系的。因此，我们说，只有在纵向上完成了这样的升华过程，“教书”和“育人”才真正统一了起来，而不是附加性地生硬捏合在一起了。这种纵向升华过程，与前文横向解析的四个维度相互印证，体现了马克思主义哲学关于“真、善、美是主客体的全面统一”[①] 的基本原理。

止步于科学文化知识的智育是不完整的，因而也不可能为受教育者完整的心智发展和精神发育提供全面的教育支持。这种残缺不全的、低层次的教育，培养出“高分低能”“有知识没文化”的人，本是意料之中的事情。只有达成了从知识向智慧和精神的跃升，才能说智育真正获得了成功。仅仅获得了一堆科学文化知识，无论其数量多大，抑或多么高深，也不能说明智育的完成。如果出一道试题：“我们是否应该爱国？”某考生回答：“人人都应该爱国”，甚或还能作出一系列充分的论证，然而，这一切都不能证明我们真的已经培养出了一位爱国者。有关爱国主义的知识，不等于

---

① 高清海 . 马克思主义哲学基础：下册［M］. 北京：人民出版社，1987：251.

爱国主义精神。考试只能说明这个人记住了关于爱国主义的知识，却并不能说明我们对这个人的爱国主义教育已经完成。这也是我们否定“一考定终身”的教育改革实践，在理论上的根本依据之一。

智育是教育学理论中常见的一个基本概念，是学校教育最主要、最核心的任务之一。我们关于这一概念的理论认识，对我们的教育实践会产生根本性的影响。由于理论上一些基础性和根本性的认识局限所造成的实际教育问题，往往难以借助一些技术细节上小修小补的改革而得到解决。只有在理论上突破了认识的局限，我们的教育改革才有可能真正取得突破。我们应当时刻注意，科学理论所蕴含的力量是不可忽视的。

第三章　体　育

在教育思想史上，体育一直被公认为教育的一个基本方面。马克思主义教育学关于“五育”的理论也将体育置于十分重要的地位。然而，我们对体育概念的内涵及其本质的认识，仍然有很大的模糊性，因而对相关的实际体育问题，也难有深刻的认识。从马克思主义教育理论出发，对体育概念进行理论解析，并联系实际进行反思，十分必要。

需要强调的是，我们这里所说的“体育”（physical education）是指关于身体的教育，与“体育运动”（sport）和“竞技体育”（athletics）的概念有所不同，尽管它们在逻辑上和事实上都有着密切的关联。

第一节　体育概念的内涵及其本质

“体育”是一个看似简单却并不十分清晰的概念。西方有学者曾感慨：“如今人们对体育之基本含义的共识可能比我们职业史上任何时候都要少”[①]，“在当代（体育）专业圈内，没有一个单一的体育定义得到广泛接受”[②]。华南师范大学杨文轩教授等编写的《体育原理》也认为“‘体育’是体育工作者最常用但又不容易搞清楚的一个概念”，并且认为“这是体育理论滞后于体育实践的例证”[③]。查阅相关学术资料，很容易发现“体育”是一个颇具争议性的概念，似乎很难给出一个单一而清晰的界定。

《中国大百科全书》对“体育”词条的解释是：“向受教育者传授健身的知识、技能，增强体质，培养自觉锻炼身体习惯的活动，是全面发展教

① SIEDENTOP D. Introduction to physical education，fitness，and sport［M］. 3rd edition. MountainView：Mayfield Publishing Company，1998：224.

② 同① 242.

③ 杨文轩，陈琦 . 体育原理［M］. 北京：高等教育出版社，2004：13.

育的重要组成部分。”[①]《中国大百科全书》对“体育”和“体育的概念”两个词条都没有直接给出定义，但从描述中可以看出其将体育理解成狭义的体育（physical education，即身体教育）和广义的体育（即身体教育、竞技运动和身体锻炼），其中狭义的体育“指的是以身体活动为手段的教育”[②]。国际中文版《不列颠百科全书》对“体育”的解释是“为增强体质和获得增强体质的技能而进行的训练”[③]。《体育科学词典》将“体育”分为广义和狭义两种。“广义的体育即体育运动，以身体练习为基本手段，以增强体质，促进人的全面发展，丰富社会文化生活和促进精神文明建设为目的的一种有意识、有计划的社会文化活动。包括学校体育、群众体育和高水平竞技体育等。狭义的体育即体育教育，通过身体活动，增强体质，传授锻炼身体的知识、技术、技能，培养道德和意志品质的有计划有目的的教育过程。它是教育的组成部分，是培养全面发展的个性的一个重要方面。”[④]该词典这一词条的英文标注为“physical education and sport”，可见其实际上包含了两个概念。这部词典对这两个概念的解释，显然并没有很好地廓清二者之间的关系。体育概念的确会在不同的时代被赋予不同的内涵，但这些历史变化并不能改变体育的质的规定性。或许正是由于体育概念界定的难度较大，2001 年版的《中国体育百科全书》对“体育”和“体育教育”都没有在理论上给出概念界定[⑤]。

我国也有学者就“体育”是否是“身体教育”展开过争论。有人通过语源学考察认为“体育”就是“身体教育”[⑥]；也有人认为“身体教育”只

---

① 中国大百科全书出版社编辑部，中国大百科全书总编辑委员会《教育》编辑委员会 . 中国大百科全书：教育［M］. 2 版 . 北京：中国大百科全书出版社，1998：370.

② 中国大百科全书出版社编辑部，中国大百科全书总编辑委员会《体育》编辑委员会 . 中国大百科全书：体育［M］. 北京：中国大百科全书出版社，1982：350.

③ 美国不列颠百科全书公司 . 不列颠百科全书：国际中文版：13［M］. 中国大百科全书出版社不列颠百科全书编辑部，编译 . 北京：中国大百科全书出版社，1999 ：254.

④ 中国体育科学学会，香港体育学院 . 体育科学词典［M］. 北京：高等教育出版社，2000：266.

⑤《中国体育百科全书》编委会 . 中国体育百科全书［M］. 北京：人民体育出版社，2001：303.

⑥ 韩丹 .“体育”就是“身体教育”：谈“身体教育”术语和概念［J］. 体育与科学，2005（5）：8-12.

是体育的三个发展阶段之一[①]；还有人质疑体育三个发展阶段的观点，认为“运动教育”只是体育教育的一种模式而非发展阶段[②]。实际上，“physical education”（“体育”或“身体教育”）和“sport”[（体育）运动]本来就是两个概念，尽管有着密切联系，因而有时会不加区别地翻译成“体育”，但其内涵差异还是非常明显的。西方有学者考证出“运动（sport）是一个现代词汇，1400年前后在英格兰被首次使用”，其拉丁语词源意为“自娱”[③]。很多学者都认为，“运动（sport）描述一种特殊的身体活动形式，年轻人应当将其当作体育（physical education）的一部分来学习。运动是体育的一部分，但仅仅是一部分”[④]。也有学者主张以运动教育（sport education）取代传统的体育（physical education），理由是“体育运动（sport）的正确理解、正确概念化和正确实施都是游戏（play）形式”，“体育运动（sport）是娱乐活动（ludic activity）的一个更高级形式，就像戏剧、艺术、音乐和舞蹈一样”[⑤]。这种观点显然只强调了体育的一部分或一方面。关于体育和运动，西方还有专业教材给出了这样一对定义：“体育是个人通过身体的活动获得最佳身体、心理、社交技能和健康的过程”，而“运动是由正式规则管理的、由寻求超越对手的个人进行的体育活动”[⑥]。这对定义明确区分了“体育”和“运动”两个概念的内涵差异。

与“体育”（physical education）相关的还有另一个概念，即竞技体育（athletics）。“athletics”的词根“athl-”有“比赛”之意，这个词在英文里本来就是指竞技体育或特指田径比赛。其后缀“-ics”常表示一门专业的学问，因而“athletics”有时也指“体育学”（更确切地应当译作“竞技运动

---

① 崔颖波．论“体育”不是“身体教育”[J]．天津体育学院学报，2009（6）：491–493.

② 魏立宇，杨薇，韩飞．“体育”不是“身体教育”质疑：兼论中国体育本质研究的症结[J]．体育学刊，2011（3）：1–6.

③ MECHIKOFF R A. A history and philosophy of sport and physical education：from ancient civilizations to the modern world[M]. New York：McGraw–Hill Higher Education，2022：3.

④ CAPEL S，WHITEHEAD M. Debates in physical education[M]. London：Routledge，2013：8.

⑤ SIEDENTOP D. Movement and sport education：current reflections and future images[M]//KIRK D. Physical education：major themes in education. London：Routledge，2012：325.

⑥ LUMPKIN A.Physical education and sport：a contemporary introduction[M]. 2nd edition. St. Louis：Time Mirror/ Mosby College Publishing，1990：8.

学”)。我们常常把“sport”、“athletics”和“physical education”一样翻译成“体育”，这不仅不利于区分这三个概念，并且还由于其字面表达包含着一个“育”字，因而常常将它们都误作教育活动。这种误读或有其历史原因，伦敦布鲁内尔大学运动与教育学院院长凯佩尔（Susan Capel）教授等认为，“体育（physical education）这门学科的名称是在第二次世界大战结束时确立的。这一更名是由于该领域的职责从卫生部转移到了教育部……随着体育（physical education）在整个教育中得到承认，新思维就是必须的了”[①]。由于体育与学校教育之间的交叉融合，即便就“体育”（physical education）概念本身而言，其内涵也相当丰富复杂。

在教育学领域，“体育”（physical education）概念至少包含这样四个常用的义项：

（1）作为一种教育活动的体育。正如前文引述《中国大百科全书》关于“体育”词条的释义，这是一种教人通过身体活动增强体质的教育活动，包括教给人强健体魄的知识和技能，以及通过直接的身体活动来增强体质，同时发展人的品格和意志力等。作为一种专门的教育活动，它与体育运动、竞技体育其实还是比较容易区别开来的。虽然运动员也要接受专业的教育和训练，学校学生也会进行体育运动，但这并不意味着作为一种教育活动的体育与体育运动、竞技体育概念之间的界限模糊，恰如职业学校培养焊工，却不会导致教育与焊接工作两个概念之间界限模糊一样。

（2）作为人的全面发展一个方面的体育。在马克思主义关于人的全面发展的理论表述中，“体育”还常常用来指称人的全面发展的一个方面。“我们的教育方针，应该使受教育者在德育、智育、体育几方面都得到发展，成为有社会主义觉悟的有文化的劳动者”，在毛泽东1957年关于教育方针的这一经典表述中，“体育”显然指的是人的全面发展的一个方面。这一义项与《中国大百科全书》等关于体育“是全面发展教育的重要组成部分”的阐释相呼应。

---

① CAPEL S，WHITEHEAD M. Debates in physical education [M]. London：Routledge，2013：13.

（3）作为学校一项课程的体育。我们还常用“体育”来指代学校体育课程。《中国大百科全书》对“体育课 ”的解释是：“教师按照国家规定的体育教学大纲，有组织有计划地用上课形式进行的体育教学。”[①]这显然是将体育课程与体育教学合并进行理解了。《中国大百科全书》将“体育教学”解释为“按照教育计划和体育教学大纲，由教师向学生传授体育知识、技术与技能，有效地发展学生身体，增强体质，同时对学生进行思想、道德、意志、品质教育”[②]；而对“体育课”词条只做了历史的描述。体育课程有其特殊的内容和特殊的规律，在对体育教学进行研究的同时，很有必要加强对体育课程的研究。就目前情况而言，体育课程研究较之其他课程研究还是相对比较弱的，因而我们对其的深刻认识也相对较少。

（4）作为一切教育活动的生命之维的体育。人的生命存在，是一切教育活动的前提，也是人所有其他方面发展的基础。因此，任何教育活动都必然包含生命维度，在一定意义上，这也是体育的重要组成部分。作为教育活动生命之维的体育，其内容十分丰富。最早提出“智育、德育和体育”概念的斯宾塞，在论述体育时，并没有将体育局限于运动，而是从“生命科学”讲起，论及“食物”、“衣着”和“精神紧张”等诸多对人的生命生长发展有影响的问题[③]；在论述最有价值的知识时，又特别将生理学知识和自我保护知识列为有价值的知识，认为这些都是“一切合理的教育不可或缺的组成部分”[④]。在教育实践中，我们可以看到，即便是一名数学教师，在教学中也不能无视学生的身体状况，如学生大脑发育处于什么样的水平和阶段、学生睡眠不足对大脑思维能力的影响、脑力劳动过度对学生健康的损害等。在一定意义上，作为教育活动生命之维的体育，在本质上更接近完整全面的体育。然而，体育的这一义项，在如今的学校教育过程中并没

① 中国大百科全书出版社编辑部，中国大百科全书总编辑委员会《教育》编辑委员会：中国大百科全书：教育［M］. 2 版 . 北京：中国大百科全书出版社，1998：371.

② 中国大百科全书出版社编辑部，中国大百科全书总编辑委员会《体育》编辑委员会 . 中国大百科全书：体育［M］. 北京：中国大百科全书出版社，1982：351

③ 斯宾塞 . 教育论：智育、德育和体育［M］. 王占魁，译 . 北京：中国轻工业出版社，2016：158–199.

④ 同① 14–17.

有得到应有的重视，似乎保护和促进学生身体发展只是体育教师的事情。

体育是人类各种教育活动中最接近人的发展之生命基础的教育活动。追本溯源，无论是“生产劳动说”和“游戏说”还是“军事训练说”，关于体育起源的不同理论假说都离不开一个共同点，即人对自身基本生命力量的开发和提升。“原始人类在劳动和为了生存的斗争中，走、跑、跳、投掷、攀越、游泳等能力得到了发展。正是由于这些技能的发展，也发展了人类自身。”[①]体育的起源与发展过程，是人的生命状态在告别动物界的过程中不断从自在走向自为的发展变化过程。这和整个教育现象的起源与发展过程在总体上是一致的。从“体育”概念的上述四个义项也可以看出，人的基本生命力量的开发和提升，是其共同的最基本、最核心的意义。马克思在《资本论》中这样定义劳动力的概念：“我们把劳动力或劳动能力，理解为人的身体即活的人体中存在的、每当人生产某种使用价值时就运用的体力和智力的总和”[②]，可见体力是劳动力最基本的构成要素之一，甚至连智力本身也是人的身体器官之一的大脑的机能。劳动能力是体现人的本质力量的最根本的生命力，人正是通过劳动在改造世界的过程中不断发展自身，而体育正是人对自身这种根本生命力进行开发和提升的活动，因此，马克思把“生产劳动同智育和体育相结合”[③]看作造就全面发展的人的根本途径。

无论是就体育概念的内涵，还是从其本源起，抑或就其与劳动及其他教育活动之间的关系而言，我们在一定意义上都可以说，体育本质上是人开发和提升自身基本生命力量的活动。即便是在商业化竞技体育泛滥的今天，体育的这一本质特征依然普遍存在于人们的各种体育活动中，并未发生什么质的改变。体育的本质特征，决定了它在人的各种教育活动中的基础性地位。人的全面发展，也不可能离开体育这一基础性的教育活动。

---

① 中国大百科全书出版社编辑部，中国大百科全书总编辑委员会《体育》编辑委员会．中国大百科全书·体育［M］．北京：中国大百科全书出版社，1982：350

② 马克思．资本论：第一卷上［M］．北京：人民出版社，1975：190.

③ 同② 530.

第二节　体育与人的全面发展

体育于完整教育有重要意义，已经成为人们朴素的共识。英国海尔伯里学院院长、赛德伯中学校长马利姆（Frederick B. Malim）在谈论学校体育时说：“为什么人们会逐步承认一个事实，即体育是学校教育的一部分？我们很自然地会回答，完整的教育必须要关注学生身体的适当发展。”[①]这种关于体育的共识，在马克思主义教育理论中，集中体现为强调和重视体育在人的全面发展教育中的重要作用。

马克思主义关于人的全面发展学说有久远而丰富的思想来源，其中作为马克思主义直接理论来源的德国古典哲学、英国古典经济学和欧洲空想社会主义的许多著述中，就已经蕴含着这种思想的萌芽。对这些思想的批判借鉴，是马克思主义关于人的全面发展学说的思想条件之一[②]。圣地亚哥州立大学的梅奇科夫（Robert A. Mechikoff）等人关于体育发展史的研究认为，19 世纪德国唯心主义哲学家的思想对体育（physical education）产生了重要影响。唯心主义哲学传统专注于三个主题：上帝的存在、自我和知识。“与古希腊人一样，德国唯心主义者们相信自我发展。身体（body）、灵魂（soul）和理智（intellect）作为人存在的基本方式，都必须受到教育。每个人的全面发展基于完美的理念。”[③]在康德那里，教育被分成“自然的教育”和“实践的教育”，身体和灵魂的培养都归入“自然的教育”，与包括“技能、善于处世和道德性”的“实践的教育”相并列[④]。即便是在德国古典唯心主义哲学家那里，身体的发展也已经是人的全面发展不可或缺的一部分了。作为直接思想来源，这样的思想理念显然对马克思主义关于人的全面

① 本森．剑桥论道：英国大学校长谈教育与未来［M］．邢锡范，译．哈尔滨：黑龙江教育出版社，2015：136.

② 何玲玲．马克思主义基本原理专题研究［M］．北京：中国社会科学出版社，2013：72–76.

③ MECHIKOFF R A. A history and philosophy of sport and physical education：from ancient civilizations to the modern world［M］. New York：McGraw–Hill Higher Education，2022：166.

④ 康德．教育学［M］// 李秋零．康德著作全集：第九卷：逻辑学、自然地理学、教育学．北京：中国人民大学出版社，2010：455、469、486.

发展的学说直接产生了重要的影响。

马克思和恩格斯关于教育的直接论述并不多，但很多论述中都提及体育。马克思说："我们把教育理解为以下三件事：第一：智育。第二：体育……。第三：技术教育"[①]，他认为"生产劳动同智育和体育相结合，它不仅是提高社会生产的一种方法，而且是造就全面发展的人的唯一方法"[②]。从这些经典论断中可以看出，在马克思主义关于人的全面发展的教育理论中，体育占有极其重要的地位。这一思想，与马克思对"劳动力"等重要概念的阐释，以及马克思主义唯物史观对"社会的现实的个人"的理解，在逻辑上是一以贯之的。马克思主义唯物史观认为，"全部人类历史的第一个前提无疑是有生命的个人的存在。因此，第一个需要确认的事实就是这些个人的肉体组织以及由此产生的个人对其他自然的关系"[③]。正如前文所引，马克思在《资本论》中将劳动力定义为"人的身体即活的人体中存在的、每当人生产某种使用价值时就运用的体力和智力的总和"[④]，这也就意味着，任何培养劳动者的教育活动，都必须且必然包含体育的内容。

马克思主义关于人的全面发展学说，是在批判资本主义制度下人的片面发展的过程中建立起来的。人的全面发展，是与人的片面发展相对立的。马克思主义关于人的全面发展的理论认为，私有制下的分工是人的片面发展的直接原因，正是"分工使他变成片面的人，使他畸形发展，使他受到限制"[⑤]，而"分工只是从物质劳动和精神劳动分离的时候起才真正成为分工"[⑥]。人正是通过劳动在改造世界的同时发展自身的，劳动过程和人的发展过程是统一的。人的发展过程中的身心分离，是人的片面发展的开始。任何不重视体育，或者将人的身心发展分离开来的教育，都将不可避免地导致人的片面发展。这就从相反的方面进一步说明了体育在马克思主义关于

---

① 马克思恩格斯全集：第十六卷［M］. 北京：人民出版社，1964：218.

② 马克思 . 资本论：第一卷上［M］. 北京：人民出版社，1975：530.

③ 马克思恩格斯选集：第一卷［M］.2 版 . 北京：人民出版社，1995：67.

④ 同② 190.

⑤ 马克思恩格斯选集：第三卷［M］. 北京：人民出版社，1960：514.

⑥ 同③ 82.

人的全面发展的教育中有着怎样的重要地位。

体育在人的全面发展的教育过程中的作用和意义主要表现在以下几个方面：

第一，体育是人的全面发展的前提和基础。马克思主义唯物史观把有生命的个人的存在看作全部人类历史的第一个前提，认为“个人怎样表现自己的生命，他们自己就是怎样”①。有生命的肉体的存在，以及肉体各种生命机能的生长发展，无疑是人一切其他成长发展的前提和基础。这是马克思主义唯物史观内在包含的基本原理之一。体育，如前文所述，在本质上正是人开发和提升自身基本生命力量的活动，因此，体育是人的全面发展的前提和基础。没有体育方面的发展，就谈不上其他所有方面的健康发展。意识是大脑的机能，因而身体的发展是精神的发展的前提和基础。知识的学习、道德的发展等，都不能无视体育。马克思在致恩格斯的信中说：“有健全的身体，才有健全的精神。”②这是一条显而易见却常常被人们视而不见的朴素真理。

第二，体育是人的全面发展的基本途径之一。这也是由体育在人的全面发展教育中的前提和基础地位所决定的。包括马克思主义教育学在内的几乎所有教育学理论，在论及完整的人的发展时，都将体育作为主要的、基本的和不可或缺的途径之一。马克思把“生产劳动同智育和体育相结合”看作“造就全面发展的人的唯一方法”③，明确将体育列为培养全面发展的人的最基本途径之一。人类最初的和最基本的生存技能传递，就是和身体机能的训练直接同一的。这种情况，在原始人类那里如此，在今天每一个人的发展中仍然是这样。在这个意义上，我们可以说，体育是人类最基本的教育活动形式之一。在马克思主义关于人的全面发展的学说看来，物质劳动和精神劳动的分工，人在发展过程中的身心分离，必然导致人的片面发展。这就决定了，体育是人的全面发展的教育不可或缺的基本途径之一。离开了体育，人的全面发展也就无从谈起。

① 马克思恩格斯文集：第一卷［M］. 北京：人民出版社，2009：520.

② 马克思恩格斯全集：第三十五卷［M］. 北京：人民出版社，1971：48.

③ 马克思 . 资本论：第一卷上［M］. 北京：人民出版社，1975：530.

第三，体育为人的全面发展的成果提供现实的、能动的载体和表现形式。毛泽东在《体育之研究》中写道：“体育一道，配德育与智育，而德智皆寄于体，无体是无德智也。”①德育、智育等方面的发展成果，最终都要通过活生生的个人而现实地、能动地呈现出来。在马克思主义唯物史观看来，人的全面发展的过程本身就是一个现实的、社会的和历史的过程，不存在什么抽象的人的全面发展。身体是人的一切发展成果的现实载体，离开了身体的发展，人的全面发展就因为失去了现实的表现形式而不可能真实地存在。在马克思主义实践哲学中，现实的社会的个人也是主体的现实表现形式，能动的主体所蕴含的一切反映人的本质力量的发展成果，都必须通过有血有肉的个人才能现实地表现出来。这也是体育作为人的全面发展的前提、基础和基本途径的根本原因。

在马克思主义教育学关于“五育”的理论中，体育与其他教育是紧密联系在一起，有机统一于人的全面发展过程之中的。体育作为人的全面发展的前提、基础、基本途径和现实载体的作用，也是在与其他教育的本质联系和有机统一中表现出来的。

第一，体育既为德育提供发展成果的现实载体和基础，又是德育的重要途径之一。毛泽东说：“体育于吾人实占第一之位置，体强壮而后学问道德之进修勇而收效远。”②一方面，体育可以强健体魄，为良好的道德发展奠定物质的、生命的载体和基础；另一方面，体育也同所有其他教育活动一样拥有生命、知识、道德和审美四个基本维度，因而其内在就必然包含德育的方面。在体育过程中，其道德之维常常可以养成人的勇敢顽强、合群乐群、吃苦耐劳、坚忍不拔等一系列优良品格，直接达成良好的德育成果。

第二，智育同样也依赖体育提供基础和载体。正如毛泽东在《体育之研究》中所说的那样：“夫知识之事，认识世间之事物而判断其理也，于此有须于体者焉。直观则赖乎耳目，思索则赖乎脑筋，耳目脑筋之谓体，体

---

① 毛泽东 . 体育之研究［M］. 北京：人民体育出版社，1979：3.

② 同① 4.

全而知识之事以全，故可谓间接从体育以得知识。”[①] 良好的身体状态，可以保障大脑等的良好工作状态，也有利于人的智力成熟与发展，因此，体育显然可以对我们的知识学习起到促进作用。实际上，体育的发展历史也已证明了这一点，国际中文版《不列颠百科全书》就认为，“1500~1800 年间，文化知识在西方的传播是与身体健康有益于心智发展这一新认识相一致的”[②]。

体育本身也常常包含着智育的内容，它也要教给人体育知识、运动技能知识和健康知识等，这也是体育（physical education）与运动（sport）的差异之一。作为一种教育活动，对运动员的训练属于体育；而运动员在赛场上的那些活动就属于运动而非教育的范畴了。这里说的体育的知识之维，是就作为一种教育活动的体育而言的。在作为教育活动的体育中，包含智育的内容是十分常见的，虽然这种智育的直接目的往往在于提高人的身体素质和运动水平而非获得知识本身。需要注意的是，这里所说的体育的知识之维，是体育自身内在包含的一个维度，而不是外在强加一个什么智育的任务，其直接的目的在于教给人关于体育本身的知识。在体育教学中间接获得的其他知识和道德品格等，都只是体育教学的副产品。在体育教学过程中，“虽然可以直接将社会互动技能等概念作为内容来教授，但体育教学中的情感和认知过程目标主要是作为教师用于教授心理运动（psychomotor）[③] 内容之过程的产物来教授的”[④]。不过，当我们认识到体育可能产生这些副产品之后，我们就应当自觉地利用体育产出这种副产品的功能来更好地促进人的全面发展。

第三，体育与美育在本质上也是紧密联系，相互融合的。体育作为一

---

① 毛泽东 . 体育之研究［M］. 北京：人民体育出版社，1979：8.

② 美国不列颠百科全书公司 . 不列颠百科全书：国际中文版 13［M］. 中国大百科全书出版社不列颠百科全书编辑部，编译 . 北京：中国大百科全书出版社，1999：254.

③ psychomotor，通常译作“心理运动”或“精神运动”，指的是心理和肌肉功能之间的联系。若这些联系中断，就会出现精神性的运动障碍。心理运动训练是现代竞技运动训练的经常内容之一。

④ RINK J. Teaching physical education for learning［M］. St. Louis：Time Mirror/ Mosby College Publishing，1985：8.

种教育活动，审美也是其四个基本维度之一，因而它在本质上与美育就是密切关联的。人在发展自身过程中的审美体验，最初就是与身体发展密切相关的。儿童最初学会走路，就特别喜欢自己行走，拒绝被抱，因为其要体验这种新发展带来的审美愉悦。青少年和成人在体育过程中获得某种新发展，譬如学会了某种新运动技能、达到了更高的运动水平，也会自然地进入享受和欣赏这种发展的审美境界。“更高、更快、更强——更团结”的奥林匹克格言，也蕴含着体育的这种审美体验，这也是体育的重要魅力源泉。美学界也有这样的共识，“美育与体育作为身心两个方面是相辅相成的”，“美，同样是体育所追求的目标之一”，“体育运动本身就包含着美的因素”[①]，优美的动作、健美的身躯，也直接给人以美感，因此，体育本身就具有美育的功能。这也从一个角度进一步说明了，在人的全面发展的教育过程中，体育的作用并不仅仅局限于身体发展，而是和其他教育活动一样，综合地作用于人的全面发展诸方面的。

第四，体育与劳动教育的内在联系，是人的全面发展之本质特征的现实反映。人的全面发展，在其本质上就是“人以一种全面的方式，就是说，作为一个完整的人，占有自己的全面的本质”[②]。劳动过程是作为主体的人在实践中改造世界从而实现自身本质力量对象化的过程。在劳动这种实践过程中，人在改造世界的同时发展自身。正是在这种本质意义上，马克思把智育、体育和生产劳动相结合看作造就全面发展的人的唯一途径。马克思主义唯物史观认为，“现存的交往和现存的生产力是全面的，而只有全面发展的个人才可能掌握它们，即把它们变成这些个人生命的自由活动”[③]。因此，人的全面发展与人的自由解放，以及人类理想社会的实现，都是统一的。劳动力是反映人的本质的生命力量，而体育在本质上又是人开发和提升自身基本生命力量的活动，因此，二者在本质上就是密切联系在一起的。体育与生产劳动的脱离，实际上是一种异化的表现。作为造就全面发展的

① 曾繁仁 . 走向二十一世纪的审美教育［M］. 西安：陕西师范大学出版社，2000：98–99.
② 马克思 . 1844 年经济学哲学手稿［M］. 北京：人民出版社，2014：81.
③ 马克思，恩格斯 . 德意志意识形态：节选本［M］. 北京：人民出版社，2018：121–122.

人的唯一途径，体育与劳动教育的本质联系，在人的全面发展的教育过程中有着十分重要而特殊的意义。

作为人类最初的基本教育活动形式之一，体育具有原始的丰富性和综合性。这种原始的丰富性和综合性，赋予体育促进人全面发展的特殊意义和价值，也决定了在人的全面发展的教育过程中，体育与人的其他各种教育活动之间的内在本质联系。也正因为如此，在教育的异化现象中，体育的异化对人的发展产生的片面化影响尤为引人瞩目。

第三节　体育的异化

体育在本质上应当是人开发和提升自身基本生命力量的活动，然而，在现实的体育和体育运动中，我们看到的却常常是完全不同的另一番景象：一方面，体育运动从人发展自身的活动逐渐演变成单纯逐利的商业活动，进而反过来压迫甚至摧残人自身；另一方面，学校教育中的体育异变为学生获得体育课成绩的手段，因而体育在一定意义上也变成了压迫师生的学业负担。在这样的体育过程中，人体验到的往往是不正常的无力感、孤立感和无意义感等，这使人产生一种“感到与自己的环境、工作、产品或自我本身处于分离或疏远的一种心态”①，也就是处于一种异化的状态。

从历史的角度看，体育的异化，发源于体育运动的异化。从 18 世纪初开始，一些重要的体育运动首先在英国发生了商品化的质变②，体育运动在资本主义经济活跃的区域成为一种商业化娱乐产业，并日益按照资本的逻辑运作。如今，体育运动仍然“无耻地作为娱乐业的一部分，并以营利为目的，成为超级富豪赞助人的时髦装饰品”③，“在日常话语和看似经验主义的‘常识’——或可称为‘深层政治’——的层面上，现代体育运动

① 美国不列颠百科全书公司 . 不列颠百科全书：国际中文版：1［M］. 中国大百科全书出版社不列颠百科全书编辑部，编译 . 北京：中国大百科全书出版社，1999：222.

② COLLINS T. Sport in capitalist society：a short history［M］. London ：Routledge，2013：2.

③ 同② 121.

（sport）是资本主义在玩的游戏”[①]。同马克思所批判的资本主义生产方式导致人的劳动以及人自身在劳动过程中发生异化一样，这种作为资本主义游戏的体育运动，以及参与到这种运动中的人本身，也都发生了异化。表现在社会现象层面，我们看到的是，“通过运动恢复身体、大脑和精神的活力，可以更新一个人的人生观。价值开发的潜力是存在的，而过度竞争和过度商业化的体育活动破坏了这一点”[②]。兴奋剂等药物滥用、赌博、作弊等现象在体育运动中的泛滥，突出地反映了体育运动的异化状态。体育运动的异化进一步带来了作为教育活动之体育的异化。对人的发展来说，正如异化劳动必将导致人的片面发展一样，体育的异化也不可避免地带来了人的片面发展。

马克思认为，在异化劳动中，人“不是自由地发挥自己的体力和智力，而是使自己的肉体受折磨、精神遭摧残”[③]，因为“异化劳动使人自己的身体同人相异化，同样也使在人之外的自然界同人相异化，使他的精神本质、他的人的本质同人相异化”[④]，不仅人的本质力量对象化的产品反过来压迫人，而且人与人之间、人与自身之间也因此形成了压迫的关系。这样的情形，在异化的体育中也随处可见。体育从人开发和提升自身基本生命力量的活动，异化为某种外在强加的体育标准、体育考试成绩、体育竞赛奖牌等。在这种异化的体育中，人不再是为了自身的发展而自由、自主地参与其中，而是为了某种外在的东西而被迫参与其中。由于人发展自身这一本质目的在体育的异化过程中被遮蔽了，体育于是变异成人为了某种外在利益被迫进行的活动。异化了的体育无法带给人审美的愉悦，随处可见的是“教者发令，学者强应，身顺而心违，精神受无量之痛苦，精神苦而身亦苦矣”[⑤]。

---

① COLLINS T. Sport in capitalist society：a short history［M］. London：Routledge，2013：13.

② LUMPKIN A. Physical education and sport：a contemporary introduction［M］. 2nd edition. St. Louis：Time Mirror/ Mosby College Publishing，1990：278.

③ 马克思 . 1844 年经济学哲学手稿［M］. 北京：人民出版社，2014：50.

④ 同③ 54.

⑤ 毛泽东 . 体育之研究［M］. 北京：人民体育出版社，1979：5.

体育的异化不仅表现为对人作为主体而发展自身这一体育本质目的的疏离，而且也体现在身心分离的体育过程中。基督教文化背景下形成的心灵代表理性而身体代表欲望的文化象征，以及用理性抑制欲望的道德观念，逐步形成了按照某种精神性的理想标准来强制塑造自己身体的文化倾向，这种倾向与科学主义思潮相结合，形成复杂的思想影响并参与到体育的异化过程中，导致了体育过程中的身心分离且身体被分解、规制和纯客体化。有体育研究者称当代体育教育是身体被规范化、编码化的“知识身体教育”过程[①]。在这种规范化、编码化和知识化的过程中，鲜活的生命以及人生命发展的丰富意义被抽离了，体育促进人自身基本生命发展的目的也在这种抽离过程中渐渐被消解，取而代之的是对外在体育运动成绩的片面追求。在学校体育教学评价中，有学者认为，过于重视“竞技体育技术、技能这些反映学生运动的外部数据，而忽略对更直接反映学生健康状况、锻炼效果的生理内部数据、体育意识、交往与合作精神、情意表现、体育知识运用能力、创新能力和学生的进步幅度及人的个体差异等方面的综合因素”[②]。在这样一种异化了的体育中，人的生命发展不再是目的而被迫异化为手段，体育从人发展自身的过程变成了压迫甚至摧残人的过程。

正如在劳动的异化过程中必然产生人与自身、人与人之间的异化一样，体育的异化也带来了人的异化。虽然我们不能“将‘体育异化’和‘体育过程中人的异化’混为一谈”[③]，但这实质上是同一过程的两个方面，体育过程中人的异化是体育异化的本质表现，二者互为表里，紧密联系，因此我们不能将其分割开来进行论述，就像我们无法将劳动异化和人在劳动过程中的异化分割开来进行讨论一样。在异化的体育过程中，人不再能获得自身发展的审美体验，因为人自身的发展已经不再是目的，而是获得某个体育成绩的手段。在这样的体育过程中，人感受到的不是对自身发展的主动追求，而是受动和屈辱，不是获得发展的愉悦，而是被压迫甚至摧残。这

① 赵岷，李翠霞，王平．体育：身体的表演［M］．北京：知识产权出版社，2011：193.

② 何维民，苏睿．当代体育异化研究［M］．北京：中国社会科学出版社，2017：113–114.

③ 同② 32.

种压迫和摧残可以是他人施加的，也可能是自己迫于外在压力或利益目标而施加的。在这样的体育过程中，人的发展只能是片面的甚至是扭曲的。

体育的异化以及体育异化过程中人的异化，其根本表现就是人在体育活动中的主体地位的丧失，其具体表现常常是“教者发令，学者强应，身顺而心违”[①]。要克服体育过程中的异化现象，恢复和坚守人在体育过程中的主体地位是最根本的途径。正如毛泽东指出的那样，“欲图体育之有效，非动其主观，促其对于体育之自觉不可”[②]。只有当体育活动成为学生作为主体的自主、自由和能动的活动时，体育才能真正回归其本质，成为人开发和提升其生命基本力量的活动。因此，学校体育课和体育教师的首要任务，不是迫使学生达到某项运动指标，而是引导学生喜欢上体育、主动并科学有效地参与体育活动。实际上，由于体育在本质上就是人的基本生命力量的开发和提升，与人自发的游戏有着天然的联系，因此，人是很容易喜欢上体育的。我们需要做的，往往只是摒弃体育过程中对人的强迫和贬损，代之以尊重、引导和支持，自始至终给人以自由和尊严并维护人的自由和尊严。

从历史的角度看，竞技运动的商业化是体育异化的重要诱因之一，这与劳动力成为商品带来劳动异化是一样的。在商业化的竞技运动中，体育运动从目的异化为手段，人们从事体育运动不再是为了自身基本生命力量的发展和提升，而是梦想成为暴富的体育明星或获取其他名利。体育运动目的的这种异化影响到作为教育活动的体育，使人将外在的竞技运动指标而非内在的生命基本力量发展误当成了体育的目标，从而直接诱使作为教育活动的体育发生异化。在今天这样一个体育运动商业化的社会，体育很难完全摆脱竞技运动的影响，但我们必须注意，“在体育中，当运动以竞技性比赛的形式被教授时，就不应以接受不惜一切代价而获胜的方式参与其中”[③]，从而尽力避免或减弱体育的异化。在今后的教育改革中，如果我们能

---

① 毛泽东 . 体育之研究［M］. 北京：人民体育出版社，1979：5.

② 同① 1.

③ CAPEL S，WHITEHEAD M. Debates in physical education［M］. London：Routledge，2013：8.

在普通学校的体育课程之外，单设竞技体育选修课程，让爱好和有志于竞技体育的学生自主选择，同时将普通体育课主要限定在为学生身体健康发展服务上，或许有助于在一定程度上克服体育异化的倾向。

我国体育界有学者曾提出一个“由教化身体走向发展身体、解放身体”的“体育教育之梦”[①]。实际上，如果克服了异化问题，则教化身体的过程本身就是发展身体和解放身体的过程。就其本质而言，体育原本就是人发展身体、解放身体的活动，因而也是促进人的全面发展的活动。与其他教育活动相比，体育的特点是主要通过身体的活动来达成教育的目的和目标，但其教育效应在本质上应当是全面的。这从传统的体育哲学中也可以得到思想的验证，“传统的体育哲学强调通过活动来达到有价值的教育目标，包括身体、心理、社会和道德目标”[②]，而不是仅仅局限于身体。因此，“由教化身体走向发展身体、解放身体”的“体育教育之梦”，实际上也就是克服体育的异化现象，回归体育本质的教育梦。

马克思主义关于人的全面发展的学说认为，“个人的全面发展，只有到了外部世界对个人才能的实际发展所起的推动作用为个人本身所驾驭的时候，才不再只是作为理想、作为职责等等存在于想象之中，而这也正是共产主义者所向往的”[③]。与此相联系，在马克思关于异化劳动的理论中，劳动的异化只有在共产主义社会才能彻底解决，因为“作为目的本身的人类能力的发挥”[④]，自由王国只有“在必要性和外在目的规定要做的劳动终止的地方才开始”[⑤]。劳动成为非外在规定要做的、完全自由的活动，显然只有在共产主义的自由王国才可能彻底成为现实。当然这是就社会历史的总体进程而言，若就具体的、个别的劳动活动而言，如法国国王路易十六的修锁劳动、小伙伴用食物和玩具从汤姆·索亚那里换来的刷墙劳动等，以发挥人

① 赵岷，李翠霞，王平．体育：身体的表演［M］．北京：知识产权出版社，2011：196.

② SIEDENTOP D. Introduction to physical education，fitness，and sport［M］. 3rd edition. Mountain view：Mayfield Publishing Company，1998：81.

③ 马克思，恩格斯．德意志意识形态节选本［M］．北京：人民出版社，2018：119.

④ 马克思．资本论：第三卷［M］．北京：人民出版社，2018：929.

⑤ 同④ 928.

自身本质力量为目的的自由劳动还是有可能在今天的社会生活中偶然发生的。尤其是在教育这样一种相对独立的、面向未来的活动中，人的主观能动性有更大的发挥空间，在具体的教育活动中局部地克服异化并非毫无可能。况且，今天局部克服异化的努力，正是走向未来彻底克服异化的起点。

虽然我们仍处在社会主义初级阶段，但是，克服人的异化，实现人的全面发展，一直是我们为之奋斗的未来目标，并且为这一目标奋斗本身就是一个连续的历史过程，尤其是在具体的教育过程中，我们一直都在强调人的全面发展，因为这是我们在现阶段的具体教育活动中可以做到或部分做到的。“我们至少可以希望，在一个艺术、文化和人性本身已摆脱资本主义剥削、偏见和压迫的社会中，体育可以在帮助男女充分发挥其身心潜力方面扮演积极的角色。”[①] 当然，我们更向往那个全面消除了异化的自由王国，“在那里，每个人的自由发展是一切人的自由发展的条件”[②]。

---

① COLLINS T. Sport in capitalist society：a short history［M］. London：Routledge，2013：129.

② 马克思，恩格斯. 共产党宣言［M］. 北京：人民出版社，2018：51.

第四章 美 育

英国学者雷德芬（H. B. Redfern）在其《美育问题》一书开篇写道："或许可以毫不夸张地说，在教育理论和实践两方面，没有哪个课程领域像美育这样令人困惑了。"[①]雷德芬使用"困惑"（confusion）这个词，既表达了我们在美育问题上的认识困境，又表明了这一学术领域的混沌状况。美育，作为教育学的一个基本概念、马克思主义教育学关于"五育"的理论的重要组成部分，在我国教育方针和政策中也占据十分突出的地位。然而，不仅关于美育的理论探讨没有充分展开，甚至连一些相关的基本概念也尚待进一步阐述清楚。这些理论困惑也在我们的美育实践中造成了诸多困惑。从马克思主义理论立场出发，联系当代教育改革和发展的实际，在现有教育理论基础上展开关于美育基本理论的探讨，十分重要且必要。

第一节 美育的本质辨析

学界一般认为是德国思想家席勒在其名著《美育书简》中最早提出并系统阐述了"美育"这一概念，徐恒醇在《美育书简》中译本"译者前言"中称这本书为"第一部美育的宣言书"，并认为正是由于这本开创性著作在理论上的不成熟，"造成某些思想概念的含混不清"[②]。这些思想概念的含混不清，显然和雷德芬所说的教育领域有关美育的各种困惑有着直接的理论联系，甚至连美育这一概念本身的内涵和本质也变得扑朔迷离。

作为人类教育活动的基本组成部分，美育的历史和其他教育现象的历

---

① REDFERN H B. Questions in aesthetic education［M］. London：Routledge，2012：1.

② 席勒 . 美育书简［M］. 徐恒醇，译 . 北京：中国文联出版公司，1984：1.

史一样，可以追溯到教育起源的远古时期。关于美育的教育思想也可以从我国先秦时期关于“乐”的教育思想，以及古希腊关于包含说唱在内的音乐教育的思想中，找到理论渊源。直到今天的现代学校教育，音乐和美术等艺术课程仍然是美育的基本形式和途径。按照教育学界较为通行的定义，“美育，又称为审美教育、艺术教育、美感教育。是用美的观念和审美形态（包括自然美、社会美和艺术美）来熏陶、培养人，从而提高他们的精神素质的一种教育。”[①]在教育理论界，也的确普遍存在着将“美育”和“艺术教育”相提并论或相互替代的现象，甚至在一定程度上还日益呈现出以“艺术教育”取代“美育”的倾向。从理论到实践，似乎美育和艺术教育是同一种教育活动的不同名称，两者其实是一回事情。然而，即便从这个定义本身我们也能看出，美育显然不是艺术教育所能完全涵盖的，无论是“美的观念”，还是审美形态中的“自然美、社会美”，显然都不能全部包含于艺术教育之中。关于艺术教育的各种理论，显然也和美育理论有着明显的不同。对美育和艺术教育的差异，理论界也已有不少论述。种种迹象表明，艺术教育只是美育的多种途径之一，二者并不是相互等同、可以互相替代的。

在一定意义上，我们甚至都不应将美当成艺术必然具有的某种天然属性。英国著名美学家赫伯特·里德（Herbert Read）就曾直截了当地指出：“事实上，艺术并不一定等于美。这一点已经无须翻来覆去地重申强调了。因为，无论我们是从历史角度（艺术的历史沿革），还是从社会学角度（目前世界各地现存的艺术形态）来看待这个问题，我们都将会发现艺术无论在过去还是现在，常常是一件不美的东西。”[②]里德从柏拉图的美育思想出发，更倾向于将艺术当作美育的一种方法，其《通过艺术的教育》一书探讨的核心问题便是“艺术为教育方法的价值”[③]。从这个角度来看，尽管自古以来艺术教育都是我们进行美育的主要方式，但艺术教育并非就是美育，

---

① 杨咏祁，李开，左健．美育词典［M］．南京：江苏美术出版社，1993：9.
② 里德．艺术的真谛［M］．王柯平，译．北京：中国人民大学出版社，2004：3.
③ 里德．通过艺术的教育［M］．吕廷和，译．2 版．长沙：湖南美术出版社，2002：20.

它只是达成美育目的的多种手段中的一种主要手段。

从马克思主义教育学关于人的全面发展学说来看，美育显然也不能简单地等同于艺术教育。马克思通过政治经济学领域对资本主义生产方式进行批判性剖析，提出和论证了人的全面发展学说。通过全面深刻的批判性剖析，马克思发现了资本主义生产方式的一个内在矛盾，即一方面“大工业的本性决定了劳动的变换、职能的更动和工人的全面流动性”①，另一方面资本主义生产方式又“可怕地再生产了这种（工场手工业的）分工”②，而这种劳动分工必然会导致人的片面发展。在马克思看来，要克服资本主义生产方式的这种内在矛盾，就必须经由“对私有财产的积极的扬弃，就是说，为了人并且通过人对人的本质和人的生命、对象性的人和人的产品的感性的占有，不应当仅仅被理解为直接的、片面的享受，不应当仅仅被理解为占有、拥有。人以一种全面的方式，就是说，作为一个完整的人，占有自己的全面的本质”③。在这里，“感性的占有”意味着人的全面发展是人在理性和感性两方面的一种平衡和谐的发展，意味着马克思主义关于人的全面发展的学说内在地包含了美育，意味着美育内在地是马克思主义教育学“五育”理论的有机组成部分。

要厘清美育的内涵和本质问题，首先要弄清美的本质问题。关于美的本质，理论界主要有客观说、主观说和主客观相互作用说三大类理论。马克思主义美学理论以实践和劳动的理论为基础，从根本上实现了对历史上所有美学理论的超越，认为人的本质力量，直接表现为人认识世界和改造世界的能力，“那些能成为人的享受的感觉，即确证自己是人的本质力量的感觉，才一部分发展起来，一部分产生出来”④，因此，“审美感是在劳动，即必然要产生美的有目的的活动过程中出现的。因此，人们创造的美是审

① 马克思恩格斯文集：第五卷［M］. 北京：人民出版社，2009：560.
② 同① 557.
③ 马克思 . 1844 年经济学哲学手稿［M］. 北京：人民出版社，2014：81.
④ 同③ 84.

美的最初形式”[①]。这种本质力量，是人与动物的根本区别之一，“动物只是按照它所属的那个种的尺度和需要来构造，而人却懂得按照任何一个种的尺度来进行生产，并且懂得处处都把固有的尺度运用于对象；因此，人也按照美的规律来构造”[②]。在马克思那里，一切美都只能来自人的本质力量的对象化，即便是自然界，当它作为人的审美对象时，便已经成为了“人化的自然”。艺术作品的审美意义也来自其作为人的艺术创作实践的成果，即本质力量对象化的成果。教育的根本目的，恰在于帮助人提升这种本质力量，因此，审美教育必然是人类教育活动的一个基本方面。

全面发展应当是一种自主的和谐的发展，马克思主义教育学的这一理论，可以在教育思想史上找到众多的来源。席勒在《美育书简》中说：“有促进健康的教育，有促进认识的教育，有促进道德的教育，还有促进鉴赏力和美的教育。这最后一种教育的目的在于，培养我们感性和精神力量的整体达到尽可能的和谐。”[③] 王国维也认为，“教育之宗旨何在？在使人为完全之人物而已”，因而“教育之事亦分为三部：智育、德育（即意育）、美育（即情育）是也”[④]。美育的根本要义，正在于促进人的感性发展，从而达成人的理性发展和感性发展的平衡与和谐。可以“从对理性主义发起反动的新人文主义及非理性主义那里，认识到王国维引介西方美育（诗性的教育思想）的理路”[⑤]。历史上众多教育思想家不断强调美育的不可或缺，根本原因就在于理性世界和感性世界的失衡将不可避免地导致人的片面发展。这种片面发展，也是马克思主义关于人的全面发展的学说所批判和反对的。

艺术之所以在美育中占据重要的地位，是因为“艺术是审美意识与审

---

① 德廖莫夫，等 . 美育原理［M］. 吴式颖，臧仲伦，方苹，译 . 北京：人民教育出版社，1984：123.

② 马克思 . 1844 年经济学哲学手稿［M］. 北京：人民出版社，2014：206.

③ 席勒 . 美育书简［M］. 徐恒醇，译 . 北京：中国文联出版公司，1984：108.

④ 王国维 . 论教育之宗旨［M］// 姚淦铭，王燕 . 王国维文集：第三卷 . 北京：中国文史出版社，1997：57.

⑤ 陈泺翔 . 王国维、蔡元培与张君劢的教育思想比较：德国人文取向教育学的脉络［J］. 中正教育研究，2017（2）：115–151.

美活动的最集中而完整的形式”[①]，而不是因为它是唯一的美育途径。美国著名教育哲学家布劳迪（Harry S. Broudy）这样论述艺术的特殊教育价值：“如果我们承认审美体验并非只是关于感官材料纯粹形式安排的空想，那么就一定有一些审美对象确实表达了与人类相关的东西。它们表达了包含在某个形象中的体现着人类意蕴的一种意义或价值，这使得艺术成为人类经验的一种资源，而这种资源与历史、科学、数学、哲学或宗教是不尽相同的”[②]。作为一种独特的教育资源，艺术通过激发我们的审美意识和审美活动，实现了对人的发展的独特价值。艺术能够成为美育最主要的途径，正是因为“艺术是一种丰富而独特的理解形式，它既涉及创造，又涉及回应。艺术进入了语言和科学无法触及的关于生命意义的不可言喻的空间”[③]，因此，艺术教育可以在我们通过关于语言和科学的教育促进人的理性发展之外，为我们通过美育来促进人的非理性方面的发展开辟一条可贵的教育路径。

在本质上，艺术的审美教育意义并非局限于提升受教育者的艺术素养，而是促进其作为人之本质力量的增强，并激励受教育者在自己的实践活动中按照美的规律来不断创造自己。“美学（aesthetics）”一词的希腊文词源“aisthetikos”的本意就是“感觉力”，即通过感觉来认识的能力。[④]就此而言，美育和德育、智育、体育等在本质意义上是同一的。人的这种本质力量的增强，既包括人认识世界和改造世界能力的提升，也包括自身精神世界的丰富，如道德情操、善的信念等的提升，是人在理性和非理性诸方面平衡和谐的发展。人认识世界和改造世界的能力绝非科学知识教育能够单独包揽，并且也不可局限于理性力量的增强，而须是完整的、全面的发展。就这一过程的本质而言，归根结底，人是在实践（劳动）过程中不断全面地创造自身的。在这里，本质力量的增强与本质力量的对象化过程，亦即

---

① 德廖莫夫，等．美育原理［M］．吴式颖，臧仲伦，方苹，译．北京：人民教育出版社，1984：6.

② BROUDY H S. The aesthetic dimension of education［M］//DOYLE J F Educational judgment：papers in the philosophy of education. London：Routledge and Kegan Paul，1975：102.

③ RICHMOND S. A post postmodern view of art education［J］. The International Journal of Learning：Annual Rewiew，2009，16（6）：523–532.

④ 齐斯．马克思主义美学基础［M］．彭吉象，译．北京：中国文联出版公司，1985：1.

改造世界和创造自我的过程，是同一过程的两个方面。因此，马克思说：“不仅五官感觉，而且连所谓精神感觉、实践感觉（意志、爱等等），一句话，人的感觉、感觉的人性，都是由于它的对象的存在，由于人化的自然界，才产生出来的。”[①] 人们按照美的规律通过劳动实践创造这个世界，同时，“他们那由于劳动而变得坚实的形象向我们放射出人类崇高精神之光”[②]。

第二节　美育的内涵与路径

美育作为一种主要促进人在感性的情感、意志等理性之外方面发展的教育活动，其内涵是十分丰富的，其表现形式和实施路径也是多样的。从相关理论表述和实际教育活动来看，美育概念的内涵总体上至少包括这样三个义项：

其一，作为一种教育活动的美育，即用美的观念和审美形态来培养人的一种教育活动。这是美育概念最常见的内涵。在学校教育过程中，美育往往以艺术教育为外在途径，以促进想象力、情感、意志和德性等发展为内在途径。作为一种主要促进人的非理性方面发展的教育活动，情感是美育的一种重要基质，这是由审美活动本身与情感之间的内在联系所决定的。正如杜威（John Dewey）所说的那样，“当情感依附于一种表达行为所形成的对象时，它就是审美的”[③]。美育主要通过丰富人的感情世界，进而丰富和发展完整人格。王国维在《教育之宗旨》一文中写道：“美育者一面使人之感情发达，以达完美之域；一面又为德育与智育之手段，此又教育者所不可不留意也。”[④]

一个受到了良好美育的人，往往既是一个情感丰富的人，也是一个想

---

① 马克思 . 1844 年经济学哲学手稿［M］. 北京：人民出版社，2014：84.

② 同①：260.

③ DEWEY J. Art as experience［M］. New York：Capricorn Book，1958：76.

④ 王国维 . 论教育之宗旨［M］// 姚淦铭，王燕 . 王国维文集：第三卷 . 北京：中国文史出版社，1997：58.

象力丰富的人。想象力在人的发展过程中也有着全面性的影响，尤其是在人的创造性发展方面更是有着重要而独特的教育价值。教育过程中的想象力可以在两个看似相互矛盾的方向上发挥作用，“想象力既是一种以不可理解的选择性来扰乱和削弱我的既成自我意识的东西，又是一种为建立稳定的自我意识提供必要的叙事连续性的东西”[①]，“允许想象在这两个相互矛盾的方向上运作的特性也巩固了教育学者对美育的当代信念，因为美育有能力以话语实践所不能改变的方式改变个人和社会”[②]，所以，就以话语实践为主要样态的学校课堂教学而言，以想象力为主旨的美育无疑具有不可替代的重要作用。

其二，作为人的全面发展之一个方面的美育，即人在教育过程中达成的有关非理性方面的发展。美育概念的这条内涵尤其集中体现在我国教育方针的有关表述中。毛泽东 1957 年在《关于正确处理人民内部矛盾的问题》中指出：“我们的教育方针，应该使受教育者在德育、智育、体育几方面都得到发展，成为有社会主义觉悟的有文化的劳动者。”这一关于教育方针的经典表述将美育问题蕴含于全面发展的教育思想之中，尚未单独予以列述。此后，随着时代的发展，教育方针的内容也不断丰富。习近平总书记在党的十九大报告中指出：“要全面贯彻党的教育方针，落实立德树人根本任务，发展素质教育，推进教育公平，培养德智体美全面发展的社会主义建设者和接班人。”2018 年，在全国教育大会上，习近平总书记又强调指出，要全面贯彻党的教育方针，“培养德智体美劳全面发展的社会主义建设者和接班人”。这里与“德智体劳”并列表述作为“五育”之一的“美育”，显然主要指的是人的全面发展的一个方面。我们的教育方针，将美育作为教育促进人的发展之五个最基本的方面之一，强调美育是人的全面发展不可或缺的一个方面，反映了我们对人在理性和感性两方面发展给予了同样的重视。这既符合马克思主义关于人的全面发展学说对人在感性和理性两

① STILLWAGGON J. Two functions of the imagination in Greene's aesthetic educational theory［J］. Education and Culture，2016，32（1）：25–39.

② 同①.

方面发展之间辩证关系的科学认识，符合这一科学学说对人的发展的完整性和整体性的把握，也符合漫长的人类社会历史中长期教育实践的经验积淀。

其三，作为人类教育活动之一个维度的美育，即人对自身在教育活动中所获得的新发展的享受和欣赏的境界。对美育这条内涵的把握和运用，也是当今人类学校教育最为欠缺的。蔡元培在《美育实施的方法》一文中说："凡是学校所有的课程，都没有与美育无关的"[①]，"舞蹈、唱歌、手工，都是美育的专课。就是教他计算、说话，也要从排列上、音调上迎合他们的美感，不可用枯燥的算法与语法"[②]。可见，美育并不仅仅是一种单独的教育活动，而且还是所有教育活动内在包含的一个重要的基本维度。从马克思主义教育学理论看来，蔡元培对教育活动美育维度的认识还只是现象层面的。实际上，之所以所有课程都与美育有关，是因为所有教育活动在本质上都应当包含审美的维度。马克思从"劳动生产了美"[③]这一基本理论入手，"第一次把解决美的本质问题放到人类社会实践首先是物质生产实践的基础之上"[④]，深刻揭示了审美作为人对自身本质力量对象化之成果的享受和欣赏这一本质内涵。"通过改造世界的实践，一方面，外部自然界被'人化'而成为美的对象；另一方面，主体的感觉也相应地被'人化'而产生审美感觉。"[⑤]

以马克思主义这一美学理论为基础，我们可以认识到，教育作为人发展自身的一种社会实践活动，学习作为一种脑力劳动，在本质上都内在包含着审美的维度。在一个教育过程告一段落、人成功地获得了新的发展的时候，这一教育活动在本质意义上应当显现其审美的维度，即人进入一种对自身新发展的享受和欣赏的状态。正如一个刚学会走路的孩童，往往渴

① 蔡元培．美育实施的方法［M］// 高平叔．蔡元培全集：第四卷．北京：中华书局，1984：213.

② 同① 212.

③ 马克思．1844 年经济学哲学手稿［M］．北京：人民出版社，2014：49.

④ 中国大百科全书总编辑委员会《哲学》编辑委员会，中国大百科全书出版社编辑部．中国大百科全书：哲学：Ⅰ［M］．北京：中国大百科全书出版社，1987：603.

⑤ 同④．

望挣脱母亲的怀抱，享受自己行走的快乐。当教育现象发生异化，因而丧失了其在本质上应当包含的审美维度时，教育从人发展自身的活动变异成为人的一种“负担”也就是不可避免的了。这是造成“学业负担”问题的深层根源之一。

“美育”的这三个义项，第一个义项直接描述了作为一种社会活动的美育现象，第二个义项直接描述了作为一种社会活动的结果的美育现象，前两个义项都是在现象层面上对美育内涵的描述，而第三个义项则是以马克思主义美学理论为基础的，是在本质意义上对美育内涵的揭示。也只有在这样的本质层次上理解美育概念，我们才能认识到美育是所有教育活动本质构成的一个方面，即所有教育活动在本质上都应当内在包含着美育的方面。我国教育学术界大多是在第一个义项上界定“美育”概念的。例如：《中国大百科全书》将美育定义为“培养学生认识美、爱好美和创造美的能力的教育”[①]，显然是从第一个义项来阐释“美育”这个概念的；前文引述的杨咏祁等主编的《美育词典》也是在这一义项上解释这个概念的；顾明远先生主编的《教育大辞典》没有解释美育概念，其中“美育”词条表述的是刊物名称[②]。由于学术界对“美育”第二、第三两个义项在某种程度上的忽略，我们在阐释教育方针关于促进学生在德育、智育、体育、美育等方面都得到发展的思想时，一般都将这里的“美育”等同于一种独立的教育活动，而或多或少地忽视了作为人的全面发展的一个方面和一切教育活动本质构成的一个方面的“美育”，因而影响了我们对美育在促进人的非理性方面发展的特殊意义的认识，进而也影响了我们对美育在实现教育活动的本质、克服教育异化现象方面独特价值的认识。

教育活动在本质意义上内在包含的审美维度，与各门课程之教学过程中蕴含的美感，是一种本质与现象之间的表里关系。教育活动在促进人的本质力量的增强过程中，本质上必然会将人带入一个享受和欣赏自身发展

① 中国大百科全书总编辑委员会《教育》编辑委员会，中国大百科全书出版社编辑部．中国大百科全书：教育［M］．北京：中国大百科全书出版社，1985：250.

② 顾明远．教育大辞典：第 6 卷［M］．上海：上海教育出版社，1992：156.

的审美境界，而学校教学活动作为一种特殊类型的教育活动，也内在地具有这样的本质属性，因此，“如果教学法是从孩子认知的年龄特点出发，目的在于满足他们的认知需求，而教师又努力勉励学生，振奋学生的精神，帮助他体验发现的快乐，感受自己的长处，享受认知的才能带来的快感，那么，学习过程也就获得了审美性质”[①]。我们教授孩子们数学，一方面可以使孩子们在掌握了某种数学工具并用以认识和改造世界时，进入对自身新发展的享受和欣赏的审美境界。与此同时，我们也能让孩子们在学习数学的过程中体验数学思维的缜密、简洁和精巧的审美快感。这两个方面相辅相成，前者是前提，后者是基础。实际上，即便是一个专门的美育过程，也至少包含着两个方面的审美活动：一是美育活动本身的成功所带来的审美，二是以美育教学材料作为审美对象的审美。

美育与德智体诸育内在地紧密联系在一起，达成了人的发展的丰富性、完整性和全面性，尤其是成就了人的诗性存在。伊利诺伊大学香槟分校的史密斯（Ralph A. Smith）教授认为，“可以将一个受过美育的人理解为认同某些价值观并且拥有在重要方面与众不同的气质”[②]。这样的描述虽然在严格意义上还算不上是一个清晰的理性认识，却也传达出了对美育成就人的诗性存在的某种感性的把握。这种表现人的诗性存在的所谓“与众不同的气质”，也就是马克思所说的“人的本质客观地展开的丰富性，主体的、人的感性的丰富性，如有音乐感的耳朵、能感受形式美的眼睛”[③]。这种作为主体的、人的感性的丰富性，绝非仅仅局限于艺术素养的提高，而是整个人格陶冶的重要组成部分。蔡元培认为，美育之所以能在教育过程中替代宗教以陶冶人格，是由于“盖以美为普遍性，决无人我差别之见能参入其中”[④]，因而可以在审美共享中培育利他的道德，促进健康人格的全面发展。也就是说，在人的本质的丰富性的意义上，美和真、善是统一的，因此，美育

---

① 阿里宁娜．美育［M］．刘伦振，张谦，译．北京：教育科学出版社，1989：15.

② SMITH R A. Aesthetic education：questions and issues［J］. Arts Education Policy Review，2004，106（3）：19-34.

③ 马克思．1844 年经济学哲学手稿［M］．北京：人民出版社，2014：84.

④ 蔡元培．以美育代宗教说［M］// 高平叔．蔡元培全集：第三卷．北京：中华书局，1984：33.

的实施路径也是丰富多样的。

美育主要促进人的感性方面的发展，而艺术是审美意识与审美活动最集中而完整的形式，因而往往成为美育的主要路径。审美能力作为一种以感觉来认识世界的能力，其发生和发展必不能脱离人具体的感性经验。“帕特农神庙是公认的伟大艺术作品，不过只有当这件作品成为一个人类存在物（human being）的经验时，它才具有了审美的地位。”① 如果我们脱离人的感性经验，仅仅借助关于艺术理论或艺术知识的教学来进行美育，那么，这样的美育注定不会获得成功。因为，在这样的艺术教育中，“为了理解艺术品的意义，我们不得不暂时忘掉它们，避开它们，转而求助于那些我们通常不将其当作审美经验的一般力量和条件”②，在这个过程中，感性的审美经验反而迷失了。实际上，关于美的理论知识并不是美育的必要条件，“对植物没有任何理论的了解，我们也完全可以欣赏花卉缤纷的外形，享受其优雅的芬芳”③。哈佛大学在2013年完成的通识课程改革中，以“arts”而不是“Arts”或“art”来指称其“审美与阐释理解类”课程中的“艺术”，反映其审美教育不再局限于纯粹的技巧性的艺术，而是更加宽泛的“所有审美对象和审美化思维的‘艺术’”④。这无疑也给我们认识作为美育主要实施路径的艺术教育以重要的启示。

正如前文已经论及的，美育绝非仅存于艺术教育之中，甚至也不仅仅存在于包括文学、艺术等在内的整个人文教育之中，而是普遍存在于人的各种教育活动之中，并且在各个领域对促进人的发展都具有各不相同的价值和意义。“由艺术以及哲学、历史和修辞等的诗性形式所提供的美育，只是美育的一部分。我们由制度结构构成的惯常做法，给我们的感觉和想象的形成以极大的影响。”⑤ 作为促进人的感性方面发展的教育，美育与人的几

---

① DEWEY J. Art as experience［M］. New York：Capricorn Books，1958：4.

② 同①.

③ 同①.

④ 傅晓薇，王毅. 从艺术教育到审美教育：哈佛美育类通识教育改革镜诠［M］// 易晓明. 美育与艺术教育研究新趋势. 上海：上海教育出版社，2019：126–127.

⑤ HEYDT C. Rethinking Mill’s ethics：character and aesthetic education［M］. London & New York：Continuum International Publishing Group，2006：149.

乎所有教育活动都有着内在的联系。即便在科学教育这样以理性知识为基础的领域，美育也有其重要的意义，尤其是在科学创造力的培养方面，美育甚至具有难以替代的独特价值。研究表明，在科学教育过程中，“审美语言和审美经验以多种方式不断地参与到交流和学习科学的过程中，通过留意隔阂并以联系来填补它们，从而影响所学的东西”[①]。斯德哥尔摩大学数学与科学教育系的威克曼（Per-Olof Wickman）教授甚至认为，“如果没有审美经验，科学或科学教育（或就此而言，任何实践）都将停止。这是因为，当我们作出区分时，更重要的是，当一项活动通过预期引领方向的时候，进而，当一项活动以批判的方式进行时，当我们总结构成一个有意义的整体实体时，就会出现审美经验”[②]。因此，任何对美育内涵及其实施路径的狭隘理解，都有可能给人的发展带来片面性。

第三节　教育审美缺失与教育的异化

黑格尔在阐释席勒美育思想时写道：“按照席勒的看法，美感教育的目的就是要把欲念、感觉、冲动和情绪修养成为本身就是理性的，因此理性、自由和心灵性也就解除了它们的抽象性，和它的对立面，即本身经过理性化的自然，统一起来，获得了血和肉。”[③] 马克思以辩证唯物主义的实践哲学批判地超越了黑格尔“美就是理念的感性显现”[④]的理论，并通过对劳动及其异化的分析，阐明了审美的本质。对人来说，社会生活过程和教育过程在本质上是统一的，而“人的生活，在本质上是实践的，是人对物、人对人之间的实践关系”[⑤]，因此，包括美育在内的人的各种教育活动，在本质

① WICKMAN P O. Aesthetic experience in science education: learning and meaning-making as situated talk and action［M］. Mahwah: Lawrence Erlbaum Associates, 2006: 135.

② 同①：148.

③ 黑格尔．美学：第一卷［M］．朱光潜，译．北京：商务印书馆，1996：78.

④ 同③：142.

⑤ 许明．马克思主义美学思想史：第1卷：马克思主义美学思想的起源与成熟［M］．北京：中央编译出版社，1999：181.

上都是实践的，也只有从马克思主义的实践哲学出发，才能真正把握其本质，也才有可能真正认识其中的规律。

美育过程，包括作为其有机组成部分的教育活动的审美之维，也就是人在自身实践活动中不断发展自身（包括人的审美能力的形成和发展）的过程。“在物质实践中，也即是在劳动中，客体的美被创造出来了，更重要的是主体的审美能力形成了，作为审美根源的一切条件都具备了。[①]“劳动不仅是作为客观现象的美的源泉，它同时也在培养人的审美感，因为物品的尺度是在劳动实践中展现出来的。”[②]在美育过程中，“无论是劳动创造，还是艺术创造，基本原则都只有一个：‘自然的人化’或‘人的本质力量的对象化’。基本的感受也只有一种：认识到对象是自己的‘作品’，体现了人作为社会人的本质，见出了人的‘本质力量’，因而感到喜悦和快慰”[③]。教育过程，包括美育过程，在本质上就是人在自身作为主体的实践过程中发展自己的过程。以这样一种关于美育过程本质的认识为基础，我们反思当代人类社会诸多现实教育问题，可以发现潜藏于这些教育问题深层的各种带有根本性的成因。

教育活动在本质上是人通过自身的实践来发展自己的活动，因而在其根本特性上与劳动实践有着本质的统一性。在教育过程中，“学习是一种脑力劳动，有其特殊性。然而这种特殊性并没有改变劳动的共同本质”[④]，因而也没有改变这种活动的审美特性。审美的本质是人对自身本质力量对象化成果的享受和欣赏，审美的这一本质属性在教育过程中同样存在。一个符合教育本质的社会活动过程，理应能够使参与这一过程的人能够感受到自身获得发展的愉悦，要做到这一点，我们就“必须使学生觉察到自己劳动的成果。只有从这个原理出发才能使学生感到脑力劳动的意义和美，才能

① 周维山．美学传统的形成与突破：《1844 年经济学哲学手稿》与中国当代马克思主义美学［M］．北京：中国社会科学出版社，2011：97.

② 德廖莫夫，等．美育原理［M］．吴式颖，臧仲伦，方苹，译．北京：人民教育出版社，1984：115.

③ 朱光潜．朱光潜美学文集：第三卷［M］．上海：上海文艺出版社，1983：290.

④ 同③ 331.

培养学生独立思考的‘兴趣’”[①]。人在教育过程中的“兴趣”，本质上是人在这一活动中主体地位的表征之一，是人作为教育实践主体的能动性的展现。人通过教育过程获得发展，本应进入一种对自身发展的享受和欣赏的审美境界。教育活动如果丧失了审美维度，往往意味着人在这个教育活动中的主体地位及相应的能动性的丧失，意味着这个活动不再是人通过自身实践发展自己的活动，意味着这个活动背离了教育的本质。因此，一种缺失了审美维度的教育活动，是不可能给参与其中的人带来什么审美的愉悦的。这也是教育异化的表征之一。

就促进人的全面发展而言，教育的异化与劳动的异化之间在本质上是同一的。在深刻批判资本主义生产方式的基础上，马克思揭示了异化劳动和人的片面发展之间的本质联系。在异化劳动过程中，“劳动生产了美，但是使工人变成畸形”[②]，因为异化劳动使劳动对工人来说成为一种“外在的东西，也就是说，不属于他的本质；因此，他在自己的劳动中不是肯定自己，而是否定自己，不是感到幸福，而是感到不幸，不是自由地发挥自己的体力和智力，而是使自己的肉体受折磨、精神遭摧残”[③]。在这样的异化劳动过程中，人的片面发展是不可避免的；扬弃这种异化，是实现人的全面发展的逻辑前提。同样，在异化的教育过程中，教育也从人在自己作为主体的实践过程中全面发展自己的活动，异化成为一种谋生的手段，因此，教育对人来说也成为一种外在强加的东西，而不是满足一种自身发展需要的活动。这种异化的教育无法让人体验到自身获得发展的审美愉悦，相反只能给人以痛苦。

马克思精辟地总结了异化劳动的四个基本特征，即工人同自己的劳动产品相异化、同自己的生产活动相异化、人同自己的类本质相异化、人同人相异化。在异化的教育过程中，这四个基本特征具体表现为知识异化为人的“负担”、教育蜕变为一场接一场必须面对的考试、人从一种自我创造

① 德廖莫夫，等．美育原理［M］．吴式颖，藏仲伦，方苹，译．北京：人民教育出版社，1984：332.

② 马克思．1844年经济学哲学手稿［M］．北京：人民出版社，2014：201.

③ 同② 50.

的能动存在变成不得不以自虐的方式将自己填满各种僵死符号的躯壳、师生关系和同学关系也从人类共生关系蜕化为相互排斥甚至敌视的关系。在异化的教育过程中，人自身的发展实际上已经不再是被关注的焦点，“他们的注意力基本集中在大纲和课时计划上，充满了对成绩百分比的忧虑。在这种情况下，学生只是施加教学影响的‘客体’。孩子被排除在作为一个兴致盎然的当事者的认识过程之外，教学变成了照本宣科的枯燥说教”①。这种我们在今天教室内常见的异化了的教育场景，本身就宣布了“人的全面发展”已经幻化为一句空头的口号。

异化了的教育是根本不可能促成人的全面发展的，相反，这种丧失了教育本质而徒有教育形式的社会活动，给人的发展所带来的只能是压制和扭曲。教育的这种异化特征，与异化劳动在本质上也是同一的。正如马克思所说的那样，在异化的劳动过程中，“工人的产品越完美，工人自己越畸形；工人创造的对象越文明，工人自己越野蛮；劳动越有力量，工人越无力；劳动越机巧，工人越愚笨，越成为自然界的奴隶”②。在异化了的教育过程中，教育目的对人的发展的设计越是完美，所谓“全面发展”越是被强调，人在这种教育过程中所遭受的压制和扭曲也越严重，人的发展的片面性也就越是不可避免。这是因为，正如“异化劳动把自主活动、自由活动贬低为手段，也就把人的类生活变成维持人的肉体生存的手段”③一样，教育的异化也使其从人在自己能动的实践过程中不断全面发展自身的活动，变成了人维持自身生存而被迫采取的一种手段，因此，以人的自由和解放为前提的“人的全面发展”是根本不可能在这种异化了的教育中得到实现的。

在异化了的教育过程中，有人也会高呼“人的全面发展”的口号，然而，只要教育的异化没有得到克服，这句口号就不仅不可能真正得以实现，而且还有可能进一步加重人在异化了的教育过程中所遭受的压制和扭曲。

---

① 阿里宁娜．美育［M］．刘伦振，张谦，译．北京：教育科学出版社，1989：18.

② 马克思．1844 年经济学哲学手稿［M］．北京：人民出版社，2014：49.

③ 同② 54.

这是因为，异化教育所宣扬的“人的全面发展”是一种强迫性的“全面发展”，而不是马克思主义理论所倡导的以人的自由和解放为前提的“人的全面发展”。在教育的异化没有得到克服的语境中，各种看上去很美的“核心素养”在“全面发展”的外衣下作为一种外在的要求被强加在人身上，成为人谋生所必备的资格。这些外在因素如果分开来看往往是很美的，但由于人在异化了的教育过程中必然的受动状态，决定了“当美的各种因素被强行结合起来，美也就失去了它的本质”[①]。真正的“人的全面发展”，必须以人自由的自我创造为前提和条件，因为，在教育的本质意义上，“环境的改变和人的活动或自我改变的一致，只能被看做是并合理地理解为革命的实践”[②]。

强迫的“全面发展”在本质上必然是一种受动的“全面发展”，而不可能是人能动的自我创造，因而也就不可能展现出教育活动的审美维度。异化了的教育必然导致人的片面发展，因为教育在异化过程中往往已经从人在实践中发展自身的过程，蜕化为被动的灌输和无批判的接受，并且由这种灌输和无批判而接受产生的所谓“教育成果”，还须接受一系列以标准答案为依据的考试的检验。异化了的教育也往往是根据这类考试的结果，而不是根据人的发展的实际状况，来评判教育的成败。于是，为了保证灌输的东西能够被高效地接受，批判性思维也必然会在这种异化了的教育过程中受到抑制。正如雷德芬所言，“没有批判性反思，无论如何也不会有审美教育这样的事物”[③]，因此，真正能够达成教育活动审美之维的教育，总是注重人的批判性思维的培养，“这不仅包括表达和捍卫自己观点的信心和技巧，而且还包括倾听他人观点的意愿，准备重新考虑或改变自己最初的立场”[④]。批判性思维保证了人在教育过程中接受的东西一定是其能动接受的，而不是被迫的，这是教育扬弃异化的关键之一，也是教育真正达成人的全面发展的条件之一。

---

① 席勒 . 美育书简［M］. 徐恒醇，译 . 北京：中国文联出版公司，1984：36.

② 马克思恩格斯文集：第一卷［M］. 北京：人民出版社，2009：500.

③ REDFERN H B. Questions in aesthetic education［M］. London：Routledge，2012：93.

④ 同③ .

受动的“全面发展”也必定是一种急功近利的“全面发展”，因而也就不可能有耐心等待人在教育活动过程中进入享受和欣赏自身发展的审美境界。当教育从人发展自我的活动异化为谋生的手段，人们在教育活动中追求的不再是自身能动的发展，而是那些有利于谋生的功利性教育目标。急功近利的教育目标直接阻断了人在教育活动中享受和欣赏自身发展的路径，同时也将人能动地发展自身的愉悦扭曲成了功利性的压力。这种异化了的教育，往往会把记住了某些科学文化知识看作具备了相应的智慧和精神，把知道了某种道德知识视作获得了相应的道德发展，把达到竞技体育某些标准当作普遍的大众健康体育标准，教育提升人的本质力量和丰富人的精神世界的更高目标，被迎合谋生需要的各种低层次目标取代，人的教育因而也在低层次化的过程中变得残缺不全。尽管人们对教育的这种功利化也进行了各种各样的抗争，譬如“美学对功利主义德育观的超越也是时代对精神缺损症候群的一种全面反弹的产物”[①]，但由于教育异化的根源没有消除，这类对教育功利化的急功近利的抗争大多难以取得多少实际的功效。

教育活动审美之维的缺失，本质上是教育异化的表现之一，不能简单化地误解为形式上的审美教育的缺乏。教育活动的审美维度是人在教育过程告一段落时对自身所获得发展的享受和欣赏，这与人对文学艺术作品的享受和欣赏虽然在审美本质上是一致的，却不是同一种审美过程，因而也无法相互替代。在没有认识和克服教育异化的条件下，简单增加音体美之类的课程教学，必定只能是徒增新的学业负担。因为，正如“忧心忡忡的、贫穷的人对最美丽的景色都没有什么感觉；经营矿物的商人只看到矿物的商业价值，而看不到矿物的美和独特性”[②]一样，当文艺审美也变成一种为了谋生而必须达到的标准时，文艺的审美也就不可能真正产生，因此，这样的美育本身也不可避免地会异化为人的“学业负担”。

在教育过程中扬弃异化的根本途径在于重建人在教育活动中的主体地位，从而把人进行自我创造的自由空间还给人。教育异化的扬弃将是一个

① 檀传宝．德育美学观：增订版［M］．北京：教育科学出版社，2006：11.

② 马克思．1844 年经济学哲学手稿［M］．北京：人民出版社，2014：84.

漫长的历史过程，马克思甚至将人的全面发展当作人类理想社会的表征之一，然而，从另一方面看，我们又是一直身处这一历史过程之中。后现代理论对现代理性主义的解构，也稍稍拓宽了人自我创造的自由空间。我们已经看到，“教育没有一个完全被认可的单一模式，尤其是在经过后现代主义严酷的分析之后。但这种不确定性至少为后现代主义之后的教育包容（或可能包容）整个人的发展提供了空间，包括智力和情感、声音、技能、身体和感觉、想象力和审美意识、与他人合作和尊重他人的能力、灵性意识，以及社会和生态敏感性”①，所有这些，都已经并正在成为人们自我发展的能动追求。教育的审美之维，也正在人们对抗“学业负担”的努力中渐渐浮出历史的地平线。

在现代学校教育中，人的感性的发展的地位下降，被置于理性的发展之下，教育的审美之维被付之阙如，这是现代社会教育异化的重要表现之一。正如马克思所言，人“不仅通过思维，而且以全部感觉在对象世界中肯定自己”②，这是人的本质属性所决定的。一种真正符合其本质的教育活动，在促进人理性发展的同时，也必须和必然重视“创造同人的本质和自然界的本质的全部丰富性相适应的人的感觉”③，并且“使人的感觉成为人的”④，借此真正促成人的全面发展。要达成这一扬弃教育异化的目的，重建和巩固人在教育活动中的主体地位，恢复人在教育活动中的能动性，承认人在教育活动中的自由与尊严，则是关键之关键。

---

① RICHMOND S. A post postmodern view of art education［J］. The International Journal of Learning：Annual Rewiew，2009，16（6）：523–532.

② 马克思 . 1844 年经济学哲学手稿［M］. 北京：人民出版社，2014：83.

③ 同② 84.

④ 同② 84.

第五章　劳动教育

在马克思主义教育学理论中，劳动教育作为“五育”之一，有着十分重要而独特的地位。它与马克思主义关于人的自由全面发展的学说有着内在的逻辑联系，综合体现着人的发展的德、智、体、美诸方面，并且在教育过程中赋予抽象的书本知识现实的生活意义。由于一些理论认识的含混不清，劳动教育在当代实践中也存在不少问题。在新时代的历史大背景下，重新认识和理解劳动教育的概念，尤其是更加深刻和准确地把握其时代意义，在理论和实践两方面都具有十分重要的价值。

第一节　劳动教育的由来与内涵

劳动教育，或曰“劳作教育”，是现代学校教育一项十分重要的内容。尽管在原始社会人类的教育现象就融合于人的劳动和社会生活之中，但作为学校教育一项内容的劳动教育并非从来就有，而是有其发生发展的历史过程。认识这一历史过程，是我们全面和正确地理解劳动教育的重要前提之一。

虽然劳动是人类生存发展的基础和前提，但劳动明确成为一种专门的教育内容，其历史并不算十分久远。在很长的历史时期里，“劳动”其实一直不是十分体面的。在古希腊乃至18世纪末的欧洲，生产劳动甚至艺术品创作都属于“卑微的行业”[①]。“在大多数欧洲语言里，表示拉丁语和英语中的‘劳动’的词汇，都是极端努力与痛苦相结合之意。”[②]中国古代社会对待

---

① 西蒙 . 劳动、社会与文化［M］. 周国文，译 . 北京：中国经济出版社，2009：2.

② 同① 12.

劳动的态度也与此大致相似,《论语》记载樊迟问稼穑的故事，鲜明地反映了孔子对待劳动的态度[①]。11世纪的第一次宗教改革“使人们意识到参加劳动是一种服从上帝的自然表现，并有助于加强对上帝的忠诚。因此，他们的努力劳动是为了求得个人解放，这是所有人的心愿。但教会用沉重的劳动来惩罚罪恶，这使劳动变了味”[②]。在以培养贵族和社会精英为主要任务的教育中，劳动难以成为一项重要内容是很自然的事情。劳动教育成为人类社会教育的一项重要内容，乃是一次社会文化历史巨变的结果。“欧洲自从十八世纪之末产业革命以来，社会发生急剧的变动，这种变动，影响于所有文化的各方面，而建设起劳动文化的时代。”[③]劳动教育也正是在这样的时代文化背景下产生的。直到18世纪末和19世纪，随着工业社会的来临和工人阶级的产生，作为一名“辛苦的、不屈的、不知疲倦的劳动者”才逐渐成为一种光荣[④]，劳动教育也正式登堂入室。

16世纪在欧洲第二次宗教改革运动中兴起的新教，已经开始把劳动教育的实施与儿童日常生活结合起来，要求儿童在家庭中承担家务劳动。“以现实的生活为对象，而主张劳作教育，路得可以说是近世的先驱者。”[⑤]卢梭也主张对爱弥儿实施劳动教育，认为“劳动是社会的人不可或免的责任”[⑥]。在这一时期空想社会主义者们的著述中，如托马斯·莫尔（St. Thomas More）的《乌托邦》、康帕内拉（Tommas Campanella）的《太阳城》等，往往“都主张劳作的必要。但只标出劳作教育的理想，还不曾有一个具体的实行计划”[⑦]。彼时，劳动教育还主要表现在思想观念中，并伴随着各种社会思想传播和宗教布道而逐渐深入人心。

劳动教育从一种教育观念逐步发展成为学校教育专门的课程实践，有一个相当漫长的历史发展过程。“劳作教育的思想，虽起源于文艺复兴时代，

① 程树德.论语集释：第三册［M］.北京：中华书局，1990：896.
② 福西耶.中世纪劳动史［M］.陈青瑶，译.上海：上海人民出版社，2007：13.
③ 李化方.欧美劳作教育思想史［M］.郑州：河南人民出版社，2016：159.
④ 西蒙.劳动、社会与文化［M］.周国文，译.北京：中国经济出版社，2009：2.
⑤ 同③ 21.
⑥ 卢梭.爱弥儿：论教育：上卷［M］.李平沤，译.北京：商务印书馆，1978：262.
⑦ 同③ 16.

但形成为实科学校的设施，乃是十八世纪之事。”[①] 在夸美纽斯的泛智学校中，尚未专门设置劳动课程。17 世纪末至 18 世纪初，为了培养从事工商业的中等技术人才，德国、法国等欧洲国家开始大量兴办实科学校，主要开设数学、物理、地理、机械和经济学等实用学科课程。在 19 世纪中叶之前，实科学校毕业生一般都不具备升入大学的资格，大多直接就业。作为一种直接为工商业培养劳动力的学校，相关行业的劳动教育成为学校教育重要内容，是顺理成章的事情。在这里，劳动教育与职业技术教育结合起来，成为“劳动技术教育”。“到了 19 世纪中叶，普通学校已普遍地把手工劳动作为正式的基础课，但使用名称在各国不尽相同”[②]，如“劳动”“劳动技术”“手工”“劳作”“家政”“工艺”等。虽然这些不同的课程名称反映着课程内涵与目标的细微差别，但就具体的教育内容和总体的教育目的而言，并不存在本质的差异。无论就其思想来源而言，还是就其思想发展及其实践而论，劳动教育在社会主义国家和社会主义（或有社会主义倾向的）教育思想中显然更受到重视。

我们在讨论“劳动教育”时，虽然这个概念的核心意义是相对稳定而清晰的，但在具体语境中仍往往有强调重点的差异。概而言之，“劳动教育”这一概念在不同语境中常分别表达这样几种不同的含义：

（1）作为一种教育活动的劳动教育。即通过组织学生参观和参加生产劳动，或直接参加校内劳动、社会公益劳动和家务劳动等活动来实施劳动教育。在这种劳动教育活动中，学生直接在生产劳动和生活过程中学习劳动观念、劳动知识和劳动技能等，并且学习在生产劳动和生活过程中运用自己在课堂上所学到的知识。在这种劳动教育中，学生是直接作为劳动者来接受劳动教育的，劳动过程和教育过程是辩证统一的。然而，仍然需要特别注意的是，在这种劳动教育活动中，尽管学生是作为劳动者参与活动的，但活动本身必须是教育活动，“如果不把儿童和少年的劳动和教育结合

① 李化方. 欧美劳作教育思想史［M］. 郑州：河南人民出版社，2016：148.

② 中国大百科全书总编辑委员会《教育》编辑委员会，中国大百科全书出版社编辑部. 中国大百科全书：教育［M］. 北京：中国大百科全书出版社，1985：218.

起来，那无论如何也不能允许父母和企业主使用这种劳动”[①]。

（2）作为一项教育内容的劳动教育。即在教育过程中教给学生劳动知识和劳动技能，培养学生正确的劳动观念和劳动态度，帮助学生认识劳动世界、选择未来职业等。西方有学者称之为“工作教育”（work education），“在其最一般的意义上，工作教育是一种强调发展知识、技能和态度的实践，这些知识、技能和态度与学生未来参与其社区和国家经济领域有关”[②]。这类教育内容既可以在普通教育中实施，也可以是职业教育、在职培训等的重要内容。与一般的职业知识教学和职业技能训练不同，这种作为一种教育内容的劳动教育，其直接目的不在于培养工具化的劳动力，而是应着眼于促进人在改造环境的同时促进自身的自由全面的发展。从批判教育学的角度来看，“工作教育不仅是一种职业培训或让学生融入‘工作世界’的方法。工作教育必须以这样一种教育进程（educational agenda）为基础，这是一种帮助学生了解当前现实进而获得改变现实之能力的教育进程”[③]。

（3）作为一项德育内容的劳动观念教育。将劳动教育当作德育的主要途径之一，这也是关于劳动教育的一种广泛存在的传统思想。这在马克思主义教育理论，以及社会主义国家教育政策和教育实践中尤为突出，因为共产主义道德原则之一就是“劳动是义务和光荣的事情”[④]。《中国大百科全书》在解释“劳动教育”词条时，就特别强调了其“是德育的内容之一”[⑤]。在这部百科全书的相关词条释义中，无论是“劳动教育”，还是“劳动技术教育”，都将培养学生正确的劳动观念作为首要教育内容[⑥]。这种作为一项德育内容的劳动教育，重点在于培养学生正确的劳动观念，而具体的劳动知识和劳动技能培养则相对来说是次要的。

---

① 马克思恩格斯全集：第十六卷［M］. 北京：人民出版社，1964：218.

② SIMON R I，DIPPO D，SCHENKE A. Learning work：a critical pedagogy of work education［M］. New York：Greenwood Publishing Group，Inc.，1991：IX.

③ 同② 127.

④ 施斯金 . 共产主义道德概论［M］. 方琏，李渊庭，译 . 北京：生活・读书・新知三联书店，1957：173.

⑤ 中国大百科全书总编辑委员会《教育》编辑委员会，中国大百科全书出版社编辑部 . 中国大百科全书：教育［M］. 北京：中国大百科全书出版社，1985：218.

⑥ 同⑤ 217–218.

（4）作为学校一类专门课程的劳动教育。这类专门的劳动教育课程，是劳动教育在学校教育中最主要的表现形态。在具体的教学过程中，这类课程既可以表现为作为一种教育活动的劳动教育，也往往包含着作为一种教育内容和德育内容的劳动教育。劳动教育不只在学校里进行，学校里的劳动教育也不只出现在课程表中。作为学校专门课程的劳动教育，有其一系列的特殊性，突出体现着学校课程的目的性、组织性和计划性。劳动教育课程的内容、方式等，都是按照一定的教育理念并根据学生身心特点等经过精心设计的，有确定的预定目的，按照一定的计划有组织地逐步展开。除了劳动观念和劳动技能教育外，作为学校专门课程的劳动教育，与社会生活中其他劳动教育相比，还承担着一种特殊的教育功能，即在课堂知识与学生生活之间建立意义联系，从而解决“读死书”的问题。因此，引导学生在劳动课堂上运用所学知识，是学校劳动课程教学应当特别强调的。

劳动教育的内容和表现形式均不局限于职业技术教育，劳动教育可以体现在包括职业技术教育在内的几乎所有教育类型之中。即便在职业技术学校，劳动教育的内涵也远不止于简单的劳动技能训练，而是包含了劳动观念、专业素养、职业道德和职业兴趣等十分丰富的内容。仅仅局限于劳动技能的训练，表面上是实用的，实际却会在总体上降低教育的效率和价值，因为“如果教育旨在功利的结果，牺牲想象力的开发、品味的提升和理智洞察力的提高这些具有文化素养的价值，那么，也会在同样程度上使所学东西的用途变得狭窄起来”[①]。

劳动教育还有一种特殊的表现形态，即“劳动改造教育”，这是“国家劳动改造机关对被判处徒刑和死刑缓期执行的罪犯所实施的一种特殊教育”[②]。这虽然不是在普通学校中进行的劳动教育，但就其本质而言，即便是在劳动改造教育中，“劳动”也不应被单纯当作一种惩罚，而是一种特殊的品德教育和劳动技术教育。如果“劳动”被单纯当作一种惩罚，而不再包

① 杜威 . 民主与教育［M］. 俞吾金，孔慧，译，上海：华东师范大学出版社，2019：312.

② 中国大百科全书总编辑委员会《教育》编辑委员会，中国大百科全书出版社编辑部 . 中国大百科全书：教育［M］. 北京：中国大百科全书出版社，1985：216.

含促进人发展的目的，那它就不再是一种教育。也正因为如此，在普通学校教育中，劳动更不应被用作一种惩罚手段。

在马克思主义关于“五育”的教育理论中，劳动教育是同时综合了德、智、体、美诸方面教育的一个特殊方面。这与劳动理论在马克思主义理论体系中的重要地位在逻辑上是一贯的。“劳动”是马克思分析人类社会存在的核心概念，是历史唯物主义的理论基石之一。在马克思主义唯物史观看来，“整个所谓世界历史不外是人通过人的劳动而诞生的过程”[①]。恩格斯在《路德维希·费尔巴哈和德国古典哲学的终结》的结尾将马克思主义理论称作“在劳动发展史中找到了理解全部社会史的锁钥的新派别”[②]。正如恩格斯所说的那样，由于马克思主义唯物史观的确立，“历史破天荒第一次被安置在它的真正基础上；一个很明显而以前完全被人忽略的事实，即人们首先必须吃、喝、住、穿，就是说首先必须劳动，然后才能争取统治，从事政治、宗教和哲学等等”[③]。也正是从这种历史观出发，马克思主义教育学将劳动教育当作培养全面发展的人的必要手段之一。

第二节　劳动教育与人的全面发展

劳动教育综合体现德、智、体、美诸方面，“我们是紧密联系德育、智育、美育来看待劳动的”，强调“劳动素养和一般发展（即道德的、智力的、审美的、身体的发展）相结合”[④]。马克思主义理论认为，“劳动构成人的本质，人的存在就是人的本质力量的对象化”[⑤]，而劳动就是人的本质力量对象化的过程。因此，马克思在《资本论》中指出：“未来教育对所有已满

---

① 马克思恩格斯全集：第三卷［M］. 2 版 . 北京：人民出版社，2002：310.
② 马克思恩格斯全集：第二十一卷［M］. 北京：人民出版社，1965：353.
③ 马克思恩格斯全集：第十九卷［M］. 北京：人民出版社，1963：123.
④ 苏霍姆林斯基 . 关于全面发展教育的问题［M］. 王家驹，张渭城，杜殿坤，译 . 长沙：湖南教育出版社，1984：122.
⑤ 董晋骞 . 实践之后：对马克思实践思想的一种理解［M］. 北京：人民出版社，2007：96.

一定年龄的儿童来说，就是生产劳动同智育和体育相结合，它不仅是提高社会生产的一种方法，而且是造就全面发展的人的唯一方法。”[①]这里的“劳动”概念已不再局限于日常生活中的劳作，而是人的本质力量对象化过程，是人特有的社会实践活动。

劳动是人类特有的基本的社会实践活动[②]。要科学认识劳动教育，首先应当理解马克思主义实践哲学的基本原理，理解人认识世界和改造世界的过程是如何统一于实践之中的，理解人认识和改造世界的过程与自身的发展过程是如何辩证统一地联系在一起的。

在马克思主义理论中，“劳动”和“实践”是互为表里的等价概念，是同一概念在政治经济学、历史唯物主义和辩证唯物主义理论中的分别表述。“中国马克思主义哲学历来重视‘实践’，但把它解释为‘劳动’或以‘劳动’为核心与根基的活动，正是中国马克思主义最基本的一种‘实践’理解。”[③]中国马克思主义哲学界很多学者都认为，“把劳动与实践两个范畴联系起来、从而以实践范畴超越劳动范畴的思想家首先是马克思”[④]。这使得马克思主义实践哲学超越了以往所有有关实践的哲学理论。“马克思的‘实践’的第一要义是‘劳动’，这接近于亚里士多德的‘制作’，而离亚里士多德的‘实践’——伦理政治行为相去甚远；……而与康德的‘实践’——彼岸性的善的本体有天壤之别。”[⑤]认识和理解“劳动”和“实践”在马克思主义理论中的关系，是我们正确认识和理解劳动在人的自由全面发展中的重要作用和价值的基础。

马克思在《关于费尔巴哈的提纲》中，把实践引入唯物史观和认识论，认为“不仅人的认识基于实践，全部人类的社会生活在本质上也是实

---

① 马克思恩格斯文集：第五卷［M］. 北京：人民出版社，2009：556-557.

② 《中国大百科全书》总编委会 . 中国大百科全书：13［M］. 2 版 . 北京：中国大百科全书出版社，2009：359.

③ 刘森林 . 从“劳动”到“实践”：中国马克思主义哲学一个核心范式的演变［J］. 学术月刊，2009（5）：36-43.

④ 张建云 . 马克思主义哲学语境中的“劳动”与“实践”范畴辨析［J］. 求实，2016（2）：34-39.

⑤ 董晋骞 . 实践之后：对马克思实践思想的一种理解［M］. 北京：人民出版社，2007：127.

践的”[①]。这一哲学重大变革，意味着从前一切将教育活动理解为一部分人向另一部分人解释世界、一部分人帮助另一部分人认识世界的特殊活动，并将其与人改造世界的实践活动割裂开来片面地加以认识的教育学理论，都应当从此终止。在新的马克思主义教育学理论中，“环境的改变和人的活动或自我改变的一致，只能被看做是并合理地理解为革命的实践”。通过实践这个概念，马克思主义经典作家把人的发展过程与人改造世界的过程辩证地统一起来。因此，“实践”是我们认识一切教育现象的根本出发点。

在正确理解马克思主义唯物史观和实践哲学的过程中，“正确地认识实践与劳动的关系极为重要。劳动是实践的基本内容、主体内容，其他一切实践形式都是以劳动作为基础的。实践，首先是指劳动”[②]。要理解作为一种实践过程的劳动，我们就不能再拘泥于某一种具体的劳作活动，“劳动过程首先要撇开每一种特定的社会的形式来加以考察”[③]。不拘泥于具体的劳动形式，不仅对揭示剩余价值的生产十分重要，而且对认识人的全面发展同样重要。劳动或实践过程与人的发展过程是统一的，因为人通过劳动“作用于他身外的自然并改变自然时，也就同时改变他自身的自然”[④]。马克思在《1844年经济学哲学手稿》中说：“整个所谓世界历史不外是人通过人的劳动而诞生的过程。”[⑤]恩格斯在《自然辩证法》中也指出：劳动“是整个人类生活的第一个基本条件，而且达到这样的程度，以致我们在某种意义上不得不说：劳动创造了人本身”[⑥]。人正是在改造世界的实践过程中不断发展自身的，这就从本质上决定了劳动或实践是人的发展的根本途径。在其最完整的本质意义上，我们可以说，教育正是人在改造环境的过程中不断自我改变的过程。

劳动在生产了人赖以生存发展的物质产品的同时也生产了人自身，而

---

① 中国大百科全书总编辑委员会《哲学》编辑委员会，中国大百科全书出版社编辑部．中国大百科全书：哲学Ⅰ［M］．北京：中国大百科全书出版社，1987：264.

② 常卫国．劳动论：《马克思恩格斯全集》探义［M］．沈阳：辽宁人民出版社，2005：210.

③ 马克思恩格斯选集：第二卷［M］.2版．北京：人民出版社，1995：177.

④ 同③．

⑤ 马克思．1844年经济学哲学手稿［M］．北京：人民出版社，2014：89.

⑥ 马克思恩格斯全集：第二十卷［M］．北京：人民出版社，1971：509.

人的生产和动物的生产有着本质的不同，“动物的生产是片面的，而人的生产是全面的；……动物的产品直接属于它的肉体，而人则自由地面对自己的产品”[①]。人的劳动在本质上是全面的，劳动的这一本质特征，决定了人的发展在其本质上也应当是自由而全面的。在这里，“自由”和“全面”是辩证统一的，“全面发展”内在地包含了“自由发展”，因此，马克思主义经典作家也常常用“人的自由全面发展”来表述关于人的全面发展的思想。

劳动教育要促成人的全面发展，其本身必须是自由的，而非强迫的。自由是消除劳动片面性的必要条件，也是人的全面发展的必要条件。马克思认为，劳动是体现人的类特性的生命活动，“而自由的有意识的活动恰恰就是人的类特性”[②]，因此，反映人的本质特性的劳动在本质上应当是自由的。资本主义生产方式导致人片面发展的根本原因，正是人的劳动在这种生产方式下失去了自由，被限定在强加的“特殊的活动范围”[③]之内，这是由“资本的生产性首先仅仅在于强迫进行剩余生产劳动”[④]这一本质属性所决定的。根据历史唯物主义的基本原理，人的自由和解放的历史进程，主要具体表现为从奴役的劳动走向自由的劳动的过程。唯有在真正实现了劳动自由的理想社会，每个人自由而全面的发展，作为一切人自由发展的条件，才能自然地成为现实。

劳动教育要促成人的全面发展，其本身的内涵必须是全面、丰富和完整的，而非片面化、工具化的。苏霍姆林斯基在讨论关于全面发展教育的问题时曾说过：“在‘劳动素养’这个概念里，不仅包括完善实际技能和技巧，掌握技艺，而且包括劳动活动在人的精神生活中的作用和地位，包括劳动创造活动的智力充实性和完满性、道德丰富性和公民目的性。”[⑤] 作为人的全面发展教育的一个带有综合性的特殊方面，唯有全面、丰富和完整

---

① 马克思 . 1944 年经济学哲学手稿［M］. 北京：人民出版社，2014：53.

② 同①.

③ 马克思恩格斯文集：第一卷［M］. 北京：人民出版社，2009：537.

④ 马克思恩格斯文集：第八卷［M］. 北京：人民出版社，2009：537.

⑤ 苏霍姆林斯基 . 关于全面发展教育的问题［M］. 王家驹，张渭城，杜殿坤，等，译 . 长沙：湖南教育出版社，1984：122.

的劳动教育，才能够与德育、智育、体育和美育等形成有机统一的整体，才可能促进人德、智、体、美诸方面协调发展。因此，我们在劳动教育中既不能只看重劳动知识和技能的教育，也不能只强调劳动教育的道德和观念教育方面，而是要将劳动教育内涵的诸要素看作一个相互联系的有机整体，并且将劳动教育与人的德、智、体、美诸方面发展都联系起来，从而发挥劳动教育在人的全面发展过程中的特殊作用。

劳动教育要促成人的全面发展，就必须关注学生在其发展过程中的个性和自主性，从而在劳动教育过程中将个人发展与社会发展统一起来。劳动作为一种反映人的类特性的活动，其本质属性内在包含着人的个性和社会性的辩证统一。那种抹杀个性的劳动，是必然导致人片面发展的异化劳动。因此，在劳动教育过程中，我们应当始终关注学生的个性发展，并且将学生的个性发展与社会发展统一起来。正如苏霍姆林斯基所说的那样，“在培养学生的个人爱好、才能和志趣的时候，我们同时考虑到了社会劳动分工的未来的特点”[①]。此外，和前文所述劳动教育的自由相联系，学生在劳动教育过程中的自主性也是保障其全面发展的必要条件之一。促进人全面发展的劳动教育，必不能是强迫的，而须是自主的。尊重学生个性，激发学生兴趣，引导学生自主地参与到劳动过程中去，是我们在劳动教育过程中应当始终遵循的一条基本原则。

劳动教育要促成人的全面发展，其本身应当是创造性的，而非简单机械的循例敷衍。创造性是劳动反映人的类特性的最突出的特征，因而劳动教育过程在本质上也应该是一种充满创造性的过程。劳动教育创造性的表现形式之一，就是苏霍姆林斯基说的“脑力和体力相结合”[②]。在劳动教育过程中，我们应当引导学生运用自己所学的知识创造性地参与劳动活动，使这种活动不仅是简单的体力活动，而且也是一种脑力活动过程。通过这样的过程，学生可以真正领会自己在书本上所学知识的意义和价值，从而

---

① 苏霍姆林斯基．关于全面发展教育的问题［M］．王家驹，张渭城，杜殿坤，等，译．长沙：湖南教育出版社，1984：133.

② 同① 124.

把他们在书本上学到的死知识转变成活知识，在根本上解决“读死书”的问题。

在劳动教育过程中，劳动也不应仅仅被当作创造财富的手段，虽然“劳动所创造的物质成果构成了人的财产，但只有劳动带来的生气勃勃的内在的精神力量才是人的尊严的源泉，同时也是道德和幸福的源泉”[①]。因此，我们在进行劳动教育时，绝不能仅仅在最低层次上将劳动当作一种物质生产活动，而是要注意引导学生在劳动教育过程中不断丰富自己的精神世界，体验作为创造者的快乐和尊严。劳动教育要促进人的全面发展，就必须让人在这个过程中能够获得欣赏和享受自己劳动成果的审美体验，进而学会按照美的规律进一步塑造自身。唯有达成其审美之维，劳动教育才不是异化的，才可能真正促进人自由全面的发展。

在促成人的全面发展的过程中，劳动教育有着十分特殊的意义和作用。在德、智、体、美、劳“五育”中，劳动教育是一个综合性的特殊方面。劳动作为人的本质力量对象化的活动，综合反映人在各方面的发展水平。劳动教育的过程，内在地包含了德、智、体、美诸方面，综合体现着德育、智育、体育和美育等教育活动的成果和特点，有着丰富而全面的内涵。或许正是因为劳动教育的这种特殊性，有教育学者认为，“对体育、智育、德育、美育来说，劳动教育是另一类别的教育、另一个层次的教育，它不能、也不应与体育、智育、德育、美育并列为人的全面发展教育的组成部分”[②]。如果我们从劳动是促进人全面发展的根本途径这一马克思主义原理出发，重新审视马克思主义“五育”理论中劳动教育和德、智、体、美诸育之间的辩证关系，认识到劳动教育综合地包含着德、智、体、美诸方面，那么，在德育、智育、体育和美育之后加上劳动教育，就是比较容易理解和顺理成章的事情了。基于对这种辩证关系的认识，我们在劳动教育的过程中，应该融合德、智、体、美各个方面的教育，充分地体现劳动作为

---

① 乌申斯基．劳动在心理和教育上的作用［M］// 郑文樾．乌申斯基教育文选．北京：人民教育出版社，2007：126.

② 瞿葆奎．劳动教育应与体育、智育、德育、美育并列？答黄济教授［J］．华东师范大学学报（教育科学版），2005（3）：1–8.

反映人的类特性之活动的本质属性，从而达成促进人自由全面发展的目的。

在劳动教育的各种本质特性中，自由和自主性最为重要。马克思主义劳动理论认为，劳动在本质上是人的自由和解放的根本途径。在马克思从社会交换关系角度论述的三种社会形式中，最高阶段的社会形式就表现为“建立在个人全面发展和他们共同的、社会的生产能力成为从属于他们的社会财富这一基础上的自由个性”①。人的全面发展必须且必然是一种自由的发展，自由是人的全面发展的必要条件之一。作为一种教育现象的劳动，就其本质而言，必须是人自主、自由的活动，即“自由自觉”的活动，而绝不应是强迫的，因为正如马克思在《资本论》中所说的那样，“自由王国只是在必要性和外在目的规定要做的劳动终止的地方才开始”②。这意味着，劳动教育首先必须适合学生的年龄特点，引起学生主动参与的兴趣，以吸引学生自由、主动地参加为前提，最终引导学生自主、自觉地参加并热爱劳动。可见这是一种难度很高的教育活动，也很容易在异化中背离其自身的本质。

第三节　劳动教育及其异化

劳动的异化是马克思在批判资本主义社会的过程中深刻揭示的一种重要社会现象，是用以探讨人类社会历史发展基本规律的重要概念。在马克思主义教育理论看来，劳动是“造就全面发展的人的唯一方法”③，而异化的、片面的劳动，则是造成人的片面发展的直接的、根本的原因。我们研究和实践劳动教育，不可忽视马克思主义关于异化劳动的理论。

实际上，社会历史过程中的劳动本身就一直包含着两面性，“人们若能

---

① 马克思恩格斯文集：第八卷［M］. 北京：人民出版社，2009：52.

② 马克思恩格斯文集：第七卷［M］. 北京：人民出版社，2009：928.

③ 马克思恩格斯文集：第五卷［M］. 北京：人民出版社，2009：557.

取得成果，并从中得到享受，这在拉丁文中就叫laborare”[①]，不过这种劳动也往往是伴随着艰辛和不快的，伊甸园里的亚当犯下原罪后所受到的惩罚也叫作“laberat”[②]。劳动这种相互矛盾的两面性，本身就已经蕴含了自我异化的强大力量。

马克思通过对资本主义生产方式进行深刻的批判性反思，揭示了这种生产方式的一个根本性矛盾：一方面，“大工业的本性决定了劳动的变换、职能的更动和工人的全面流动性。另一方面，大工业在它的资本主义形式上再生产出旧的分工及其固定化的专业”[③]。马克思认为，这一绝对的矛盾，必然导致劳动的异化和人的片面发展。在资本主义制度下，一切提高劳动生产力的手段“都使工人畸形发展，成为局部的人，把工人贬低为机器的附属品，使工人受劳动的折磨，从而使劳动失去内容，并且随着科学作为独立的力量被并入劳动过程而使劳动过程的智力与工人相异化”[④]。这种科学和智力的异化力量对劳动过程的浸淫，也必然会影响教育过程，并以教育的异化现象表现出来。在异化的教育过程中，学习者反过来被僵死的知识所折磨，片面发展成了在教育评价中获取高分的重要手段，本应是人在能动的实践中发展自身的教育活动却异化为对人的一种压迫甚至摧残。这种教育的异化现象，正是我们在追寻人类自由和解放的过程中要努力克服的社会现象之一。

马克思在《1844年经济学哲学手稿》中曾这样解释“异化”：“异化既表现为我的生活资料属于别人，我所希望的东西是我不能得到的、别人的占有物；也表现为每个事物本身都是不同于它本身的另一个东西，我的活动是另一个东西，而最后，——这也适用于资本家，——则表现为一种非人的力量统治一切。”[⑤]在异化关系中，“对象化表现为对象的丧失和被对象

① 福西耶.中世纪劳动史［M］.陈青瑶，译.上海：上海人民出版社，2007：7.

② 同①.

③ 马克思.资本论：节选本［M］.北京：人民出版社，2018：159.

④ 同③218.

⑤ 马克思.1844年经济学哲学手稿［M］.北京：人民出版社，2014：127.

奴役，占有表现为异化、外化”[①]。在教育领域，我们常常看到，教育的异化也导致知识反过来成为压迫人的“学业负担”，原本应当增强人自身认识能力的知识学习，被扭曲成了人的精神世界被毫无意义的僵死符号所占据和消磨。教育原本应是人在自己的实践活动中发展自身的过程，现在却蜕变成一个毫无意义的“读死书，死读书，读书死”的过程。

教育的异化与人的异化密切相关，并且在根本上都是劳动异化的后果。“异化劳动把类生活变成维持个人生活的手段”[②]，因而它导致人同自然界、人同自身、人同他人相异化。教育的异化不仅直接导致人与知识等对象关系的异化，也直接导致师生关系、同伴关系等异化为相互强迫、相互压制、相互防范甚至相互敌视的关系，学生成了教师获取名利的工具，教师成了学生迈向成功的手段，压制同学的发展成了自我发展的途径之一。这种异化的关系反过来也否定着人的全面发展，因为“只有在共同体中，个人才能获得全面发展其才能的手段，也就是说，只有在共同体中才可能有个人自由”[③]。

劳动教育本身的异化首先在根本上表现为人在劳动教育中主体性的丧失。马克思认为，真正自由的劳动是具有社会性和科学性的劳动，并且“是这样的人的紧张活动，这种人不是用一定方式刻板训练出来的自然力，而是一个主体”[④]。在异化了的劳动教育过程中，人丧失了主体性，因而也丧失了自由和自主性。在这一过程中，人被迫从事劳动，被迫通过刻板的劳动过程把自己训练成纯粹自然意义上的劳动力。在这里，他的发展成了别人所需要的成果，而他自身却不可能获得享受和欣赏自身发展的审美愉悦。这样的劳动教育，其目的也在异化的过程中走向其反面，因而在根本上是背离马克思主义所倡导的作为促进人的全面发展唯一途径的劳动教育的。苏霍姆林斯基在实践层面上一语中的，道破了劳动教育的根本目的：“要给从事任何劳动的人以幸福，——这意味着，要帮助他在无数的生活道路中，

---

① 马克思 . 1844 年经济学哲学手稿［M］. 北京：人民出版社，2014：47.

② 同① 205.

③ 马克思恩格斯文集：第二卷［M］. 北京：人民出版社，2009：571.

④ 马克思恩格斯全集：第四十六卷：下册［M］. 北京：人民出版社，1980：113.

找到那一条最能鲜明地发挥他个人的创造力和个性才能的生活道路。”[①]

劳动教育的异化表现之一，就是片面化为一种仅仅将学生训练成劳动工具的活动。在异化了的劳动教育中，人们仅仅从教育活动外在的“有用性”来认识教育，并从这种片面的目的出发来制定相关的教育政策和教育教学策略。在这种异化了的劳动教育中，劳动也不再是人的本质力量对象化的活动，而是不得不按照别人的意志去从事的活动。于是，“人的对象化的本质力量以感性的、异己的、有用的对象的形式，以异化的形式呈现在我们面前”[②]。人在劳动教育中发展成为创造者的过程，蜕变为一部分人把另一部分人训练成某种可利用的自然力的过程。与此同时，在这种异化了的劳动教育中，学生往往也不自觉地追寻这种教育的所谓“有用性”，以使自己变成对他人有用的工具为目的，而不是以自己的自由全面的发展为目的。这种教育异化现象，就连约翰·杜威也感觉到了。他曾这样描述和评价这种现象：“他们是为了挣得工资，而不是自由和理智地从事自己所做的事情。正是这一事实，使他们的行动变得不自由，也使任何旨在为这些工作提供技能的教育沦为缺少文化素养和不道德的。”[③]

劳动教育发生异化的另一表现，是将劳动当成一种贬损的或惩罚性的活动。在异化了的教育过程中，将教育当作惩罚的现象比比皆是，罚写作业、罚进行劳动等，各种惩罚性的活动都成了常用的教育方法。劳动教育的异化也是如此，正如人在异化劳动过程中“把他自己的生产变成自己的非现实化，变成对自己的惩罚一样”[④]，在异化的劳动教育过程中，劳动本身也变成了一种惩罚性的活动，变成了学生不得不从事而又无时无刻不希望逃离的过程，变成了一种对人自身价值的贬损。在这种异化的劳动教育中，师生都看不到劳动促进人自由全面发展的作用，而是将这种活动看作迫使自己远离劳动的一种惩戒。在这里，学生甚至也不可能像卢梭在《爱弥儿》

① 苏霍姆林斯基．关于全面发展教育的问题［M］．王家驹，张渭城，杜殿坤，等，译．长沙：湖南教育出版社，1984：131.

② 马克思．1844 年经济学哲学手稿［M］．北京：人民出版社，2014：85.

③ 杜威．民主与教育［M］．俞吾金，孔慧，译．上海：华东师范大学出版社，2019：313.

④ 同② 56.

中所说的那样："即使不是为了生活的需要而劳动，也可以为了获得荣誉而劳动。"[①]这类现象也表明，劳动教育在异化过程中完全走向了自己的反面。

劳动教育的异化，还表现为教育过程中绝对的纪律和绝对的服从。这种绝对的纪律和绝对的服从，是人在教育异化过程中丧失自由和自主性在实践层面的具体表现。我们知道，以班级授课制为基础的学校教育制度，在相当程度上正是为适应资本主义大工业生产方式而产生的。为了把学生训练成大工业生产线上所谓"合格"的工人，纪律和服从就被摆在了十分突出的位置上。这本身也是教育适应资本主义生产方式的历史表现，因而本质上也是教育在适应异化劳动的同时自身发生异化的现实反映。这样的劳动教育，显然与促进人自由全面发展的目的是相悖的。在当今的智能化时代，人类的生产方式经历着深刻的变革。在这样的历史条件下，以班级授课制为基础的学校教育制度也正在受到动摇，新的教育形态已经呼之欲出[②]。这一切，也是人类不断克服异化、不断走向自由和解放的历史进程中的一个环节。

克服劳动的异化，是人的自由全面发展的根本历史条件。一旦克服了劳动的异化，我们就可以达成"人以一种全面的方式，就是说，作为一个完整的人，占有自己的全面的本质"[③]。在这样的社会形式中，劳动教育也必将回归其本质，即成为人自由全面地发展自身的一种活动，那将是一种以"每一个个人的全面而自由的发展为基本原则的社会形式"[④]。在那里，一切劳动过程都将同时是一种促进人自由全面发展的教育过程，资本主义大工业生产方式下的学校教育制度必将发生质的变革。在这一革命性的教育变革中，劳动教育本身也有着十分重要的意义和价值。

劳动教育在克服教育异化方面的重要意义，是我们应当尤其予以重视的。在异化的状态下，教育同人们认识和改造世界的活动相分离，知识学习不再直接是人的本质力量的提升，而是谋生的手段，因而知识也在与学

---

① 卢梭．爱弥儿：论教育：上卷［M］．李平沤，译．北京：商务印书馆，1978：263.

② 项贤明．后工业时代的教育大变局［N］．中国教育报，2022-03-24（9）.

③ 马克思．1844年经济学哲学手稿［M］．北京：人民出版社，2014：81.

④ 马克思．资本论：节选本［M］．北京：人民出版社，2018：195.

习者社会生活的异化过程中失去了其本质上的意义和价值。劳动是我们在所学知识与生活世界之间建立意义联系的必要途径。正确的劳动教育，不仅可以促进人的自由全面的发展，而且其本身还可以成为克服教育异化的重要手段之一。这是因为，在一个自由人的联合体中，“生产劳动给每一个人提供全面发展和表现自己的全部能力即体能和智能的机会”①，因而其本身在根本上就是一种促进人全面发展的教育过程。在当前我国的教育实践中，我们一方面尤其应当关注的是劳动教育在赋予学生所学书本知识以意义和价值上的特殊作用，另一方面还要将学生的学习也看作一种脑力劳动，强调知识学习的劳动意义，这也是破除读死书的重要途径之一。因此，苏霍姆林斯基说：“劳动教育从学生坐在课桌后面读书时就开始了”②。

我国现代教育家梁荣若先生在给李化方的《欧美劳作教育思想史》作“跋”时写道：“‘心手分离’，‘文武分离’，‘道艺分离’，为中国传统的教育哲学产物，遗害于民族国家，迄今犹未有艾。”③ 面对这种特殊的国情，我们在劳动教育过程中应当特别注意引导学生在所学书本知识与社会实践之间建立意义联系。为了达成这样的目标，我们在制定相关教育政策、课程标准和教学要求等过程中，不仅要注意适合不同年龄、性别等学生的身心发展特点，还要关注劳动教育与社会发展需要之间的联系，更要重视学生在劳动教育过程中对所学知识的运用和领悟，努力破除科举制度留给我们的“读死书，死读书，读书死”的沉重历史包袱。

就其历史条件而言，“人的自由而全面的发展，归根到底取决于劳动本身的发展”④。立足于社会主义建设的新时代，我们所处的社会环境和历史条件与马克思所处的时代显然已不可同日而语，但是，我们必须看到，“只要人类的根本处境与时代所面临的根本问题并没有实质性的改变，只要资本

① 马克思恩格斯文集：第九卷［M］. 北京：人民出版社，2009：311.

② 苏霍姆林斯基 . 关于全面发展教育的问题［M］. 王家驹，张渭城，杜殿坤，译 . 长沙：湖南教育出版社，1984：128.

③ 李化方 . 欧美劳作教育思想史［M］. 郑州：河南人民出版社，2016：324.

④ 杨国华 . 劳动与人的自由全面发展：马克思的劳动概念及其当代意义［M］. 上海：上海人民出版社，2015：189.

与现代形而上学之基本建制没有彻底瓦解，马克思与我们就可以说是处于同时代”[①]。面对劳动的异化和教育的异化，以及劳动教育的异化，我们仍然要为克服这些异化现象、实现人的自由和解放而努力，而劳动的自由和解放是这种努力的根本途径。“未来只有实现劳动的解放，将被迫性的、工具性的异化劳动转变成人类自由自主的、作为目的本身的活动，才能实现人的自由全面发展与人类解放。”[②]这不是幻想的乌托邦，而是现实社会历史发展过程之所向，是直接蕴含于现实的社会历史发展过程中的、我们无时无刻不在走向那里的人类共同目标。我们的劳动教育，同样也应以这一崇高目标为基本方向。

---

① 杨国华．劳动与人的自由全面发展：马克思的劳动概念及其当代意义［M］．上海：上海人民出版社，2015：192–193.

② 同① 195.

第六章 “五育”融合

在马克思主义教育学理论中，“五育”理论是马克思主义关于人的全面发展学说应用于教育领域的重要基本原理。“五育”的辩证统一和有机融合，是促进人的全面发展的基本教育途径。从理论上把“五育融合”的机理论述清楚，对我们正确理解马克思主义关于培养全面发展的人的教育学理论，更好地在实践中落实人的全面发展的教育，无疑具有十分重要的理论价值和现实意义。

第一节 教育活动的“四维”

我们对教育活动的基本过程、构成要素等，都有比较充分的考察，但对其基本维度的关注却相对较少。人的教育活动包含哪几个基本的方面？这本应是我们认识和理解教育活动的基础性知识，无此则难以真正深刻理解教育这种社会现象。我们在这里尝试从马克思主义哲学的“实践”概念入手，来对教育活动的基本维度进行解析。限于篇幅，关于理论基础的哲学部分，我们仅作简要阐述。

实践是马克思主义哲学的一个核心概念。“马克思主义哲学在人类思想史上第一次全面地揭示出了人的主体活动的本质，科学地阐明了社会实践的概念。”[①]这是马克思主义哲学区别于以往哲学的根本特征。马克思在科学阐述辩证唯物主义和历史唯物主义的纲领性文献开篇即指出：“从前的一切唯物主义——包括费尔巴哈的唯物主义——的主要缺点是：对对象、现实、感性，只是从客体的或者直观的形式去理解，而不是把它们当做人的感性

① 高清海．马克思主义哲学基础：下册［M］．北京：人民出版社，1987：260.

活动，当做实践去理解，不是从主体方面去理解。”[①] 在结尾他又一言以蔽之：“哲学家们只是用不同的方式解释世界，而问题在于改变世界。”[②] 他还称共产主义者为“实践的唯物主义者”[③]。可以说，“实践”是马克思主义哲学认识世界的根本核心概念。理解教育这种人在改造世界的同时发展自身的活动，我们也应当从马克思主义哲学的“实践”概念开始。

马克思主义唯物史观认为，“全部人类历史的第一个前提无疑是有生命的个人的存在”[④]。作为人改造世界的现实的活动，实践首先是有生命的个人的实践。人改造世界的力量具体表现为其劳动力。马克思在《资本论》中把劳动力定义为“人的身体即活的人体中存在的、每当人生产某种使用价值时就运用的体力和智力的总和”[⑤]。只有“活的人体”中才可能蕴含这种改造世界的力量。因此，我们可以说，“生命”是实践的一个基本维度。

在马克思主义的认识论中，实践和认知也是不可分割的同一过程的两个方面。人既在已有知识的基础上进行实践，又在实践过程中产生新的知识。马克思说：“人的思维是否具有客观的［gegenst ndliche］真理性，这不是一个理论的问题，而是一个实践的问题。”[⑥] 在描述现实生活中人们的实践活动和发展过程的科学中，“关于意识的空话将终止，它们一定会被真正的知识所代替”[⑦]。常言道：实践出真知。实践总是伴随着知识而发生，也可能伴随着新知识的产生而告一段落，二者在本质上就是联系在一起的。可见，科学的“认识”或真正的“知识”，也是实践的基本维度之一。

对人来说，实践也从来不是完全孤立的个人的实践，而是总是处于一定社会关系中的个人的实践。也就是说，实践总是包含了一定的社会关系，不存在完全脱离人际社会关系的实践。另外，就社会关系而言，“从个人活动来看，社会关系是个人之间的联系；而从人的社会整体活动来看，社会

① 马克思恩格斯文集：第一卷［M］. 北京：人民出版社，2009：503.
② 同① 506.
③ 马克思恩格斯选集：第一卷［M］. 2 版 . 北京：人民出版社，1995：75.
④ 同③ 67.
⑤ 马克思 . 资本论：第一卷上［M］. 北京：人民出版社，1975：190.
⑥ 同① 503-504.
⑦ 同③ 73.

关系则是社会实践的内在结构或实践的社会结构”[①]。实践与社会关系之间的这种本质的联系，就决定了“道德”是实践的一个基本维度。因为有了社会关系，调节这种社会关系的道德伦理就成为必需和必然的了。

实践与审美更是在本质上有机联系在一起的。在马克思主义实践哲学看来，正是在作为人的本质力量的现实表现的实践中，“那些能成为人的享受的感觉，即确证自己是人的本质力量的感觉，才一部分发展起来，一部分产生出来”[②]，因而，美感是在人改造世界的实践中“即必然要产生美的有目的的活动过程中出现的。因此，人们创造的美是审美的最初形式”[③]。审美实质上是人对自身本质力量对象化成果的享受和欣赏，而这种本质力量对象化的过程，也就是人的实践过程。所以，“审美”也是实践的一个基本维度，并且是实践过程取得了一定成果而告一段落时展现出来的一个带有总结性的基本维度。

马克思主义实践哲学认为，“实践是人的主体力量和能力发展的动力”[④]，人正是作为主体通过实践活动在改造世界的同时发展着自身。因此，实践与教育在本质上是联系在一起的，在哲学意义上，我们甚至可以说，实践和教育在本质上就是同一个过程，教育就是实践促进人的发展的那个方面。马克思从实践哲学的角度阐明了教育的本质，他写道：“有一种唯物主义学说，认为人是环境和教育的产物，因而认为改变了的人是另一种环境和改变了的教育的产物，——这种学说忘记了：环境正是由人来改变的，而教育者本人一定是受教育的。……环境的改变和人的活动的一致，只能被看做是并合理地理解为变革的实践。”[⑤]马克思的这段话，从哲学的高度在总体上揭示了教育的本质。具体的个人的教育活动虽然有可能在特定情况下表现为“间接经验”的教授和学习，但在总体上和本质上都不可能不属

① 高清海．马克思主义哲学基础：下册［M］．北京：人民出版社，1987：293.

② 马克思．1844 年经济学哲学手稿［M］．北京：人民出版社，2014：84.

③ 德廖莫夫，等．美育原理［M］．吴式颖，臧仲伦，方苹，译．北京：人民教育出版社，1984：123.

④ 同① 314.

⑤ 马克思恩格斯文集：第一卷［M］．北京：人民出版社，2009：504.

于马克思所说的这种“变革的实践”。

以马克思主义实践哲学为理论基础，我们可以从人的教育活动中解析出以下四个必需和必然的基本维度。所谓“必需”，是说失去其中任何一个维度，属于真正的“人”的教育活动就不可能发生；所谓“必然”，是说只要“人”的教育活动发生了，它就一定包含着这四个基本维度。

（1）教育活动的生命维度。在马克思主义唯物史观看来，有生命的个人的存在是全部人类历史的第一个前提，“个人怎样表现自己的生命，他们自己就是怎样”[①]。作为人在改造世界的同时发展自身的社会活动，教育活动当然也要以有生命的个人为必要的前提。同时，“人的生命的存在与发展，是其他方面发展的前提和基础”[②]。离开了人的生命的存在与发展，就谈不上人的发展，也谈不上什么教育。因此，生命维度是教育活动的第一个基本维度。所有的教育活动都内在包含着生命维度，所有的教育活动都应当首先重视其生命维度。一名数学教师在教授学生代数，他自己一定是活生生的个人，而且他面对的也一定是活生生的个人，而且他的教学必须适应这些个人生命发展的阶段性特征。包括他自己在内的这些个人当下的生命存在状态，譬如是否因过度疲劳而昏昏欲睡，也制约着他教学能够达成何种效果。虽然他不是体育老师，也不是在教体育课，但他的教育活动同样必须且必然包含着生命的维度。无视其教育活动的生命维度，不但无法否定这个基本维度的存在，而且还会带来教育的异化等问题。这些看上去似乎显而易见的朴素真理，在教育实践中却常常被视而不见。

（2）教育活动的知识维度。教育作为“传递生产经验和社会生活经验的必要手段”[③]，知识作为其基本维度之一，应是不证自明的。因为，如果我们将“知识”理解为人的生产经验和社会生活经验，那么，“教育是传递生产经验和社会生活经验的必要手段”和“知识维度是教育活动的一个基本维度”这两个命题之间的逻辑关系显然就是蕴含关系。知识维度作为教育

---

① 马克思恩格斯文集：第一卷［M］. 北京：人民出版社，2009：520.

② 项贤明 . 泛教育论：广义教育学的初步探索［M］. 太原：山西教育出版社，2000：46.

③ 中国大百科全书出版社编辑部，中国大百科全书总编辑委员会《教育》编辑委员会 . 中国大百科全书：教育［M］. 2 版 . 北京：中国大百科全书出版社，1998：1.

活动的一个基本维度，意味着不仅知识教学，而且一切其他教育活动，都必然内在包含着知识的方面。从教育实际情况来看，不仅数理化教学活动显然包含着知识的维度，而且体育教学活动等同样包含知识的维度，哪怕是一位非专业的体育教师用最原始的动作示范来教学生如何跑得更快、跳得更高，其中也仍然包含着知识的方面。

知识维度作为教育活动的一个基本维度，可能是最不容易引起争议的，但对这一维度的具体理解，尤其是对“知识”的理解，却可能各有不同。哲学史上有众多流派的知识论，从马克思主义认识论的角度来看，知识是“人类认识的成果。它是在实践的基础上产生又经过实践检验的对客观实际的反映”[①]，这种主体能动的“反映是摹写、选择、创造的统一”[②]。作为人类在实践过程中获得的认识成果，“知识”与教育所传递的“生产经验和社会生活经验”（这里的“经验”显然不是“体验”意义上的经验，而是人类认识的成果）在一定意义上是同义语。我们将人类生产经验和社会生活经验综合积累形成的知识看作支持人的发展的经验资源，因而教育活动的知识维度有着十分丰富的内涵。“经验资源的开发不仅包括读书，还包括对人化自然中一切事物的人文意义的理解和体验”[③]，包括在实践中直接创造和获取新的经验与新的知识。

（3）教育活动的道德维度。马克思主义唯物史观认为，“人的本质不是单个人所固有的抽象物，在其现实性上，它是一切社会关系的总和”[④]，因而“个体是社会存在物。因此，他的生命表现，即使不采取共同的、同他人一起完成的生命表现这种直接形式，也是社会生活的表现和确证”[⑤]。因此，人的一切教育活动都不可能摆脱社会关系而孤立地发生，即使是看似纯粹个人活动的自学，也必然包含着自学者与他人、与社会、与人类之间的社会

---

① 中国大百科全书总编辑委员会《哲学》编辑委员会．中国大百科全书：哲学［M］．北京：中国大百科全书出版社，1987：1169.

② 高清海．马克思主义哲学基础：下册［M］．北京：人民出版社，1987：326.

③ 项贤明．泛教育论：广义教育学的初步探索［M］．太原：山西教育出版社，2000：47.

④ 马克思恩格斯选集：第一卷［M］．2 版．北京：人民出版社，1995：56.

⑤ 马克思恩格斯文集：第一卷［M］．北京：人民出版社，2009：188.

关系。人在教育活动中如何处理这些社会关系，取决于人遵循怎样的道德伦理。这就决定了人的一切教育活动都必然包含着道德的维度。作为教育活动内在的一个基本维度，道德维度不是在某种教育活动之外再强加一个道德的教育任务，而是这个教育活动本身就必然包含着道德的方面。以具体的实际教育活动为例，数理化老师在知识教学过程中如何处理师生关系、是否尊重学生的人格等，对学生道德发展的影响是客观的且不可忽视的。

（4）教育活动的审美维度。马克思认为，“人不仅通过思维，而且以全部感觉在对象世界中肯定自己”[①]，他把实践活动看作“感性的人的活动”[②]。正因为人改造世界的实践活动不只是理性的活动，而且同时也是感性的活动，所以人在实践中才可能“按照美的规律来构造”[③]。这种“主体的、人的感性的丰富性”[④]，不仅表现在人的劳动实践中，而且也表现在人的教育活动中。在教育活动中，作为主体参与这种活动的人一旦获得某种发展，亦即人的本质力量在实践过程中得到发展和提升，“主体就进入了对自身所获得的发展的享受和欣赏的境界”，这种审美情感体验在教育过程中同样“又激励人更进一步按照美的规律来塑造自身”[⑤]。因此，审美维度也是人的教育活动的一个基本维度，也只有当审美维度在教育活动中表现出来，我们才能说这种教育活动是“人的”，才能说这种教育活动在一定意义上实现了发展人的目的，才能说这种教育活动是成功的。

审美维度是不是教育活动的一个基本维度，难道没有达成发展人的目的的教育活动就不是教育活动吗？这是一个容易引起误解的问题。需要注意的是，我们这里强调的是“人的”教育活动，而不是强调“成功”。教育活动之审美维度的缺失，就意味着教育的异化，同时意味着教育过程中人的异化和片面发展，意味着这种教育活动是“非人的”。这种非人的教育活动，如果用人以外的，即非人的教育目的来衡量，或许有可能是非常成功

---

① 马克思．1844年经济学哲学手稿［M］．北京：人民出版社，2014：236.

② 马克思恩格斯文集：第一卷［M］．北京：人民出版社，2009：499.

③ 同① 53.

④ 同① 84.

⑤ 项贤明．泛教育论：广义教育学的初步探索［M］．太原：山西教育出版社，2000：49-50.

的。但这种成功的教育带来的往往不是人的发展，而是人的扭曲和摧残，因而是非人的教育，在本质上也就不再是真正的教育活动。这种非人的教育活动的任何成功，都不能构成对人的教育活动的审美之维的否定，相反只能在关于审美维度是人的教育活动的基本维度的理论批判下暴露其非人的本质。

如前文所述，教育活动的四个“基本”维度（生命、知识、道德、审美），是强调教育活动的“四维”不是分裂开来的四种活动，而是同一活动的四个基本方面。任何真正的人的教育活动一旦现实地发生了，就必然包含这四个维度；缺少其中任何一个维度，真正的人的教育活动就不可能发生。教育活动的这四个基本维度，是以递进的关系相互有机地联系在一起的，即生命维度是教育活动的基础和前提，知识维度和道德维度是教育活动的两翼，而审美维度则是教育活动取得一定的成果之后达成的深层境界。教育活动四个基本维度的这种内在逻辑秩序，也是我们在教育活动中应当特别注意的。

需要特别说明的是，这里所说的“四维”，是同一个教育活动的四个基本维度，与我们常说的德智体美“四育”不是一回事情，也不同于“四育”加上劳动教育的“五育”。

第二节 “四维”与“四育”的辩证统一

教育活动的四个基本维度，已经包含了德智体美四个方面的内容。那么，教育活动的“四维”与“五育”理论中的德智体美“四育”之间是什么关系？这是我们必须回答的重要理论问题，也是我们理解“五育融合”内在机理的关键。

关于德育、智育、体育和美育等，在教育理论界有这样两种不同的表述：一种是将其表述为各自独立的、不同的教育活动，如常见的“德育活动”“智育活动”等；另一种是将其理解为教育活动的不同方面，如南京师范大学编写的《教育学》教材，就将其描述为由人的发展的不同方面所规定的“教育的几个组成部分”[①]。这两种表述显然存在着意义上的细微差别。前一种表述将德育、智育、体育和美育等分别理解为各种不同的教育活动；而在后一种表述中，德育、智育、体育和美育等既可以是组成人类教育现象的不同的教育活动，也可以是人的教育活动的不同方面。虽然这本教材在后面几章将德育、智育、体育和美育等当作不同的教育活动分开一一加以论述，但这里潜伏着的一个逻辑矛盾却引人深思。这个逻辑矛盾就是：如果德育、智育、体育和美育等是由人的发展的不同方面所规定的教育的组成部分，那么很难归为人的发展某一方面的“劳动教育”又如何列入这几个组成部分？

教育理论界关于德育、智育、体育和美育等表述的逻辑矛盾，显然是由对这个问题两种不同的理解相互纠缠而导致的。一是将德育、智育、体育和美育等理解为各自独立的不同的教育活动；另一则是将德育、智育、体育和美育等理解为教育活动的不同方面或不同组成部分。后一种理解实际上近似于前文所述的教育活动的四个基本维度。那么，作为各自独立的不同教育活动的德育、智育、体育和美育等，与作为教育活动四个基本维度的生命、知识、道德和审美，两者之间是什么样的关系？在理论上把这个重要的问题阐述清楚，是我们理解“五育融合”的内在机理的关键。

首先，如果我们把德育、智育、体育和美育等理解为不同的教育活动，也就是说，它们尽管相互存在着联系，但各自都是一种单个的、完整的、独特的教育活动，那么，作为人的一种教育活动，它们各自都必然内在包含着前文所述的教育活动的四个基本维度。

作为人的一种独立的教育活动的德育，其本身也必然包含着生命、知识、道德和审美这四个基本维度。有生命的人的存在是德育活动发生的前提，人的生命的存在和发展也是其道德发展的基础。人的生命存在和发展状况，包括其阶段性特征等，也制约着德育应该在何种水平上以何种方式

---

① 南京师范大学《教育学》编写组．教育学［M］．北京：人民教育出版社，1984：181.

展开。所有的德育活动也总是包含着知识的方面，哪怕是目不识丁的父母用生活琐事对孩子进行德育，也总是要努力让孩子“懂道理”，这就是德育的知识维度了。著名教育学家鲁洁教授在评述朱熹的德育思想时，也认同他“把道德知识作为自觉道德行动的基础，认识到掌握道德知识可以产生出规范个人思想行为的内部标准和力量”[①]。德育活动过程本身也包含着道德的维度，而且其道德维度与德育活动本身所传授的道德内容并非总是一致的。一名教师可以用极其傲慢的态度给学生传授谦逊的美德，学生也可能通过这一德育过程在获得关于谦逊这种美德的知识的同时习得傲慢的德行。这也反过来说明了教育活动的道德维度，与作为一种独立教育活动的德育，并不是一回事情。就其本质而言，人在德育活动中获得了某种发展，也应能在享受和欣赏自身的道德发展中体验审美的愉悦，产生“惟吾德馨”的自豪感。

智育活动同样也有其“四维”。尽管智育针对的是人在心智方面的发展，但心智是作为身体器官的大脑的机能，因此，人的生命存在和发展状态同样作为基础和前提而影响和制约着智育活动。作为一种系统地传授科学文化知识和技能、发展人的智力的教育活动，知识的维度自然是其重要的基本维度之一。这里的“知识”不仅限于教材知识，还包括在教材知识传授过程中，知识传授者对教材知识的解读、自身相关经验和体验的阐述，以及其在知识传授过程中所表现出来的情感等精神状态等，这些都在促进人心智发展的过程中发挥着独特的作用。智育活动作为一种知识传授过程，必然涉及人与人之间的关系，因而同样也内在包含着道德的基本维度。同时，就其本质而言，人在智育活动中获得了心智方面的新发展，也应在对自身心智新发展的享受和欣赏中获得愉悦的审美体验，这就是智育的审美之维。

因此，智育具有丰富性，绝非仅仅是一种简单传授具体知识和技能的教育活动，甚至也不仅仅是发展人智力的教育活动，而是对人的整个精神

---

① 鲁洁，夏剑，侯彩颖．鲁洁德育论著精要［M］．福州：福建教育出版社，2016：13-14.

世界都有着促进发展的作用。正如苏霍姆林斯基所说的那样：“智育是在掌握知识的过程中进行的，但它又不能仅仅归结为知识的积累。知识水平与智育水平之间、知识量与智力发展水平之间不能划等号，尽管后者有赖于知识量。”[①]一个真正促进人全面发展的智育活动，要完成从常识、知识向智慧、精神的飞跃和升华[②]，从而在传授知识的同时给人以丰富的精神世界。教育通过开阔人的精神视野，给人以丰富的精神世界，为人带来更加丰富的精神生活，这可以说是教育在促进人的全面发展方面最为突出的作用。

体育作为一种发展人的基本生命力量的教育活动，生命的维度当然应是其基本维度之一。另外，人的生命的存在状态和发展水平都制约着体育活动的开展。体育也要教给人体育知识、运动技能知识和健康知识等，即便只是简单的动作示范，也包含了认知的方面，因此，知识维度也是体育的一个基本维度。体育本身就具有锻炼人的意志品格等德育功能，而且参与体育过程的人如何处理人际关系，也直接影响着人的道德发展。就其本质而言，在体育发展过程中，人一旦在某一方面的基本生命力量获得新的发展和提升，同样也会进入对其发展成果的享受和欣赏的审美境界。这也是体育具有游戏魅力和观赏性的根本原因。人爱好体育这种游戏，正是因为能从中获得享受和欣赏自身发展成果所带来的审美愉悦；人喜欢观看体育活动，是因为能从同类的审美愉悦中通过共情获得同样的审美体验。

作为一种专门教育活动的美育，同样也具有一切教育活动都必然具备的“四维”。人的生命的存在当然是美育的基本维度之一，没有人的生命这一维度，就谈不上美育。因为正如马克思所说的那样：“只是由于人的本质客观地展开的丰富性，主体的、人的感性的丰富性，如有音乐感的耳朵、能感受形式美的眼睛，总之，那些能成为人的享受的感觉，即确证自己是人的本质力量的感觉，才一部分发展起来，一部分产生出来。”[③]同样，美育也必然包含知识的维度，不仅是美育过程中直接教给人审美知识，哪怕

---

① 穆欣．瓦·阿·苏霍姆林斯基论智育［M］．王义高，译．北京：北京师范大学出版社，1985：21.

② 项贤明．智育概念的理论解析与实践反思［J］．课程·教材·教法，2021（5）：40–46.

③ 马克思．1844 年经济学哲学手稿［M］．北京：人民出版社，2014：84.

是以艺术的手段传达给人的那种只可意会不可言传的审美感知，也仍然属于我们认知的方面。在美育活动过程中，我们如何处理人与人之间的关系，以及如何区分美与丑、卑鄙与崇高等，也必然作为美育的道德之维，对人的道德发展产生重要的影响。美育活动也有自身的审美之维，这不仅是说美育能直接给人审美的愉悦，而且更指人在自身审美能力通过美育过程而获得发展时，也会进入对自身发展成果的享受和欣赏的审美境界。从这一点也能看出美育与教育活动的审美之维并不完全是一回事。

“四维”作为人的教育活动的基本维度，是天然地融合在人的教育活动中的，而非外在强加的。要保持人的教育活动的全面性，并不需要外在强加什么其他的教育任务，关键在于我们要对“四维”在人的教育活动中的这种天然融合保持自觉，否则其中有些方面的作用就不一定能指向我们所期望的教育目的，不一定能促进人的全面发展，甚至反而扭曲和阻碍人的全面发展。一位数学教师如果只看到自己教学活动的知识之维，无视这种教育活动的生命、道德和审美之维，那么，他的教学活动就很有可能在为了完成数学作业而极度疲乏的学生那里遭遇失败，也很有可能培养出所谓“有知识没文化”的人，还很有可能培养出数学得分比较高却痛恨数学、绝不愿以数学为志业的人。这种教育失败，恰好是他忽视的那些教育活动基本维度发挥了消极作用的结果；这些消极结果也从反面证明了那些教育活动基本维度的客观存在。

“四育”一方面在总体上作为人的全面发展教育的有机组成部分，是相互紧密联系在一起的；另一方面作为具体的教育活动，德育、智育、体育和美育又都包含着人的教育活动的四个基本维度。完整而自觉地蕴含并表现出教育活动的四个基本维度，正是这些德育、智育、体育和美育活动是人的全面发展教育的有机组成部分的本质体现。若某种教育活动的“四维”分裂或缺失，那么这种教育活动的结果只能是人的扭曲和片面发展，它也就不再是人的全面发展教育的有机组成部分，因而不能列于“四育”之中。也就是说，正是完整具备并自觉展现出生命、知识、道德和审美四个基本维度的德育、智育、体育和美育等教育活动，辩证统一地融合在一起，才构成了促进人的全面发展的教育。

通过上述简要的分析，我们已经比较清楚地证明了，德智体美“四育”中的每一种教育活动，都是全面地作用于人的全面发展诸方面的，而非只是作用于其中的一个方面。这是因为，人的教育活动，就其本质而言，都必然内在包含着生命、知识、道德和审美四个基本的维度，缺一不可。“四维”和“四育”辩证统一于人的教育活动之中，这是人的本质特征及其丰富性在教育活动中的根本表现，也是“人”的教育的本质特征的集中体现。“四维”或“四育”的缺失或分裂，必然意味着人在教育过程中的扭曲和片面发展，也意味着教育由“人的教育”异化为“非人的教育”。

第三节　劳动教育的实践融合

在人的全面发展的教育的有机组成部分中，劳动教育是与“四育”有着特殊联系的第五种教育活动。要理解劳动教育在人的全面发展教育中的特殊性，就必须理解“实践”概念在马克思主义理论中的重要地位，理解实践、劳动和教育这三者之间的辩证关系。马克思说：“环境的改变和人的活动的一致，只能被看做是并合理地理解为变革的实践。”①因此，人的发展过程与人改造世界的过程辩证地统一于人的实践过程。在马克思主义理论中，“实践，首先是指劳动”②。教育过程和实践过程、劳动过程是辩证统一的，所以马克思说，“生产劳动同智育和体育相结合，……是造就全面发展的人的唯一方法”③。由于教育和实践、劳动之间这种特殊的辩证关系，劳动教育在人的全面发展的教育中处在与德育、智育、体育和美育不同的地位，表现出更加突出的综合性和根本性。

苏霍姆林斯基说过：“我们是紧密联系德育、智育、美育来看待劳动教

① 马克思恩格斯文集：第一卷［M］. 北京：人民出版社，2009：504.

② 常卫国 . 劳动论：《马克思恩格斯全集》探义［M］. 沈阳：辽宁人民出版社，2005：210.

③ 马克思恩格斯文集：第五卷［M］. 北京：人民出版社，2009：557.

育的。”[①]他在论述劳动教育应遵循的原则时，所列出的第一条原则就是“劳动素养和一般发展（即道德的、智力的、审美的、身体的发展）相结合”[②]。他还认为在劳动教育过程中要注意“劳动与多方面的精神生活相结合”[③]，要在“脑力和体力相结合”中突出“劳动的创造性”[④]，从而让学生“在劳动中展示、发现和发展个性”[⑤]。那些将“劳动教育”中的“劳动”仅仅理解为体力劳动的观点，显然是失之偏颇的，至少是不够完整的。苏霍姆林斯基的这些理论论述，鲜明反映了劳动教育在人的全面发展的教育和“五育融合”中的综合性特征。这种综合性特征，源于劳动和实践概念在马克思主义理论体系中的特殊地位。

如前文所述，实践是马克思主义哲学的一个核心概念，而“马克思的‘实践’的第一要义是‘劳动’”[⑥]。在马克思主义唯物史观看来，“整个所谓世界历史不外是人通过人的劳动而诞生的过程”[⑦]。作为主体的人正是通过自己的劳动实践，在改造世界的同时不断发展自身的，因此，在总体意义上，教育和劳动是辩证统一的。这种辩证统一，在原始社会教育起源于生产劳动的历史过程中即已表现出来。如今尽管教育从生产劳动中分化出来成为独立的社会活动样态，但教育与劳动之间在本质意义上的内在联系并不能因此而割裂。所以，与“五育”中的德育、智育、体育和美育相比，劳动教育天然具有特殊的综合性和根本性，因而其在“五育融合”中也具有特别的意义。

劳动教育在人的全面发展教育中所表现出的综合性和根本性，决定了其在“五育融合”中的特殊地位和作用。劳动教育的根本性，主要在于其实践性。劳动教育应当是通过直接参与到生产物质财富和精神财富的劳动

---

① 苏霍姆林斯基．关于全面发展教育的问题［M］．王家驹，张渭城，杜殿坤，等，译，长沙：湖南教育出版社，1984：122.

② 同①．

③ 同① 125.

④ 同① 124.

⑤ 同①．

⑥ 董晋骞．实践之后：对马克思实践思想的一种理解［M］．北京：人民出版社，2007：127.

⑦ 马克思恩格斯全集：第三卷［M］．2 版．北京：人民出版社，2002：310.

过程中来进行的。那种止步于课堂讲授和讨论的关于劳动的知识教学和道德观念教学等，严格地说还不能算是真正的劳动教育，而是有关劳动的智育、德育等，最多只能算是劳动教育的准备，因为它还不具备实践性这一劳动教育最重要的本质特征。在马克思的辩证唯物主义哲学看来，“实践是人的存在方式”[①],“全部社会生活在本质上是实践的”[②]，而劳动又是“实践的最基本形式”[③]，因此，人在社会生活中的整个生长发展过程，与其全部社会生活和社会实践过程在本质上是直接统一的。这就决定了，劳动着的人在本质上应当是完整的、社会的和现实的个人。所以，劳动教育在其本质意义上就应当是促成人的全面发展的教育，因而“五育”在这一过程中是天然地融合为一体的。所有这些的共同前提是这个劳动过程本身没有发生异化，即劳动和劳动教育没有背离其自身的本质。这种融合之所以是天然的，是因为社会实践过程和人的发展过程本来就是同一个社会过程，这一过程自然包含着人的教育诸方面。“五育”在劳动教育过程中的天然融合，源于劳动教育在人的发展过程中重要作用的综合性和根本性。

在“五育融合”过程中，劳动教育的综合性突出地表现为“五育”的多重融合和复合融合。劳动教育不仅本身包含了生命、知识、道德和审美四个基本维度，而且作为一种综合性和实践性的教育活动，也融合了德育、智育、体育和美育等教育活动。苏霍姆林斯基说要紧密联系德育、智育和美育等来看待劳动教育，这并不是一种外在强加的要求，而是劳动教育本质特性决定了我们应当这样来认识它。劳动教育作为一种活动过程，直接表现为主体改造客体的社会实践活动，其构成往往是丰富而复杂的，其对人的发展的促进作用也是多方面的。在劳动过程中，人要调动和发挥自身道德、知识、体力和审美等诸多方面的能力和素养，并且在改造外部世界的同时也从诸多方面促进自身的发展。因此，人在劳动过程中受到的教育，总是内在包含着德育、智育、体育和美育等多种教育，其成果见诸人在多

---

① 萧前，李秀林，汪永祥．辩证唯物主义原理［M］. 3 版．北京：北京师范大学出版社，2012：190.

② 马克思恩格斯选集：第一卷［M］. 2 版．北京：人民出版社，1995：56.

③ 同① 194.

方面的综合发展。这是一种多重复合的教育活动，而不是只注重人某一方面发展的单一教育活动。

劳动教育在“五育融合”中的特殊地位和作用，还体现在其天然的完整性和全面性上，这种天然的完整性和全面性来源于它与人的社会生活的直接同一性。与德育、智育和体育等不同，劳动教育是直接在现实的社会实践中进行的，即便是在教室内进行，也是在一定意义上摆脱了学校课堂而回归了社会实践的教育活动。在劳动教育这种特殊的教育活动中，学校教育与生活教育是直接同一的，或者说其在本质上就是一种生活教育，是社会再生产和个体再生产的统一。正如匈牙利马克思主义哲学家赫勒（Agnes Heller）所言，“工作是个体再生产所必需的，而只要是如此，劳动就是日常活动”①。这就决定了劳动教育总是一种突破了课堂教学局限的生活教育，因而具有天然的完整性和全面性。与德育、智育、体育和美育不同，作为一种生活教育形态的劳动教育，其在本质上并不专门侧重于人的某一方面发展，而是整体地促进人在各方面的发展。因此，劳动教育不只是理性的教育，同时也是感性的教育；它不仅覆盖了人的理性发展，也同时涵盖了人在非理性方面的发展。

将人的个体发展与类的发展直接统一起来，是劳动教育在“五育融合”中独特地位和作用的另一重要表现。劳动教育的这种特殊性，是由作为个人本质力量对象化活动之劳动本身的类本质特性所决定的。赫勒认为：“马克思常常使用两个词来表明这一区别：他称日常活动为‘劳动’（labour），而用‘工作’（work）专指类本质范畴。”② 作为这两个词所指的同一个现实的社会活动，“工作的本质属性在于，它既是日常活动，同时又是超越日常的直接类本质活动”③。马克思认为，虽然劳动总是表现为个人的具体活动，但“‘劳动只有作为社会的劳动’，或者换个说法，‘只有在社会中和通过社会’，‘才能成为财富和文化的源泉’”④。劳动既是个人的一种日常活动，同

① 赫勒 . 日常生活［M］. 2 版 . 重庆：重庆出版社，2010：66.
② 同① 63.
③ 同① 67.
④ 马克思 . 哥达纲领批判［M］. 北京：人民出版社，2018：10.

时又是人的类本质活动。因此，与知识教学等教育活动的间接性不同，劳动教育是直接将人的个体发展与人类的发展统一在劳动教育过程之中的。个人在劳动教育过程中获得的经验，即便来源于间接经验，但也总是具体地表现为个人的直接经验。在这一特殊的教育过程中，个人的发展直接融合于人类的发展之中。

“五育”在劳动教育过程中的实践融合是一种带有根本性的教育融合。教育在本质上是一种不断赋予和发展个体的自然人以类本质属性的过程，亦即使人成为人的过程。在这一过程中，实践活动有着十分重要的特殊作用。这是因为，“实践是人特有的改造客体的能动的物质性活动。人通过能动的实践活动从自然中把自己提升出来成为主体，因此，能够从事实践活动就是人区别于其他动物以及一切物的根本特征，也是人成为主体而区别于客体存在的内在根据”①。从马克思主义实践哲学的角度来说，教育的最终目的就是提高人认识和改造世界的实践能力，教育的成效在根本上也要见诸人的实践活动。也就是说，无论是德育、智育、体育还是美育，最终都必须回到人的社会生活中，在实践中真正实现人的发展，而人的实践之最重要、最根本的形式就是劳动。马克思把生产劳动同智育和体育相结合看作“是造就全面发展的人的唯一方法”②，也是强调了劳动在促进人的发展方面的这种根本性。就此而言，德智体美诸教育只有融入劳动教育，才能最终实现其同时促进个体的人和人类发展的教育价值。

德育、智育、体育和美育在劳动教育过程中的复合融合，对克服和减弱学校教育的片面性有着重要的意义和价值。学校教育作为一种专门的、独立的教育样态，其与社会生活及社会实践之间保持着一定的相对独立性。这种相对独立性在提高教育（尤其是知识教学）的效率的同时，也在学校教育和社会实践之间拉开了一定的距离。这种教育与实践的分离所带来的片面性，在教育实践中常常被低估了。虽然专门的课堂教学极大提高了知识教学的效率，但我们同时应当认识到，“智育是一种复杂的过程，它包括

---

① 高清海．马克思主义哲学基础：下册［M］．北京：人民出版社，1987：255.

② 马克思恩格斯文集：第五卷［M］．北京：人民出版社，2009：557.

形成世界观信念，使智慧富于思想方向性和创造方向性，而这又跟把校内教学教育过程与校外社会生活和谐结合起来的那种个人的劳动和社会积极性处于紧密统一之中”[①]。与劳动的紧密统一，将智育等诸方面教育都融合于劳动教育过程中，才能避免“死读书，读死书”，才能在实践中赋予课堂知识教学以促进人全面发展的价值。同样，德育和体育的价值，也唯有在劳动实践中才能最终得以实现。至于美育促进人全面发展的意义和价值，更是离不开劳动教育中的“五育融合”。这不仅是因为“劳动生产了美”[②]，而且也由于人对自身本质力量提升的审美体验离不开实践，按照美的规律创造世界和自身，也同样离不开劳动实践。

劳动教育中的“五育融合”对克服教育异化也有着十分重要的作用和意义。我们知道，劳动的异化是包括教育异化在内的一切异化的根源。正是在异化劳动中，人的社会关系的异化，乃至人的异化，都被再生产了出来。就社会总体而言，克服劳动的异化需要一定的社会历史条件；而在专门的劳动教育过程中，我们却可以在一定范围内消除异化劳动，并由此促进人的全面发展。因此，离开了劳动教育中的“五育融合”，教育的异化以及人在教育过程中的异化就难以避免。从教育实际情况看，实践缺席的教育不仅在抽象空洞的文字符号中消磨了青少年学生的创造力，同时也以片面发展扭曲了人的本质力量的提升。这不仅对个人的发展产生了消极的影响，而且直接影响国家和社会创新力的形成与发展。正是得益于杜威的“做中学”等教育思想遗产，美国的教育才为其国家创新能力维持在较高水平奠定了坚实的基础。实际上，马克思主义教育学关于劳动和实践教育的理论，其思想水平远高于杜威以实用主义哲学为基础的教育理论。问题在于我们在教育理论和教育实践中并未充分认识和自觉践行马克思主义“五育融合”的教育理论。自觉地做好“四维”与“四育”在劳动教育过程中的多重融合，在尽可能大的程度上克服教育异化，其意义和价值既在于个

① 穆欣 . 瓦 · 阿 · 苏霍姆林斯基论智育［M］. 王义高，译 . 北京：北京师范大学出版社，1985：21.

② 马克思 . 1844 年经济学哲学手稿［M］. 北京：人民出版社，2014：49.

人的全面发展，也表现在国家和社会乃至人类的发展之中。

“五育融合”不仅意味着人的全面发展的教育在德育、智育、体育、美育和劳动教育五个方面是有机统一的，而且还意味着人的一切教育活动都包含生命、知识、道德和审美这四个基本维度，意味着人的全面发展的教育必须和必然具有丰富性、全面性和完整性，意味着“五育”中的任何一个也都必须和必然具有丰富性、全面性和完整性。只有具备这种丰富性、全面性和完整性的教育，才可能给人充分的选择自由，从而服务于人的自由全面的发展，并因而才是真正的人的教育，才有可能造就全面发展的人。

第七章 人的全面发展的新时代意义

关于人的全面发展的学说是马克思主义经典理论的重要组成部分，是马克思主义教育学的重要基本原理之一，对我国教育方针政策有着极其重要的指导作用。我们教育工作中一些长期未能解决的实际问题，如中小学生学业负担过重等，其认识根源往往可以追溯到我们对马克思主义教育学基本原理的误读。面对新时代教育工作的新任务，以及马克思主义经典汉译工作取得的新进展，重新审视我们对马克思主义教育学关于人的全面发展学说的既有认识，联系教育实际，立足新时代，对这一基本原理进行更加全面准确的新阐释，其重要的理论价值和实践意义都是不言自明的。

第一节 人的全面发展学说的内在逻辑

马克思主义关于人的全面发展的学说是马克思主义经典作家在批判资本主义生产方式的过程中建立起来的，其理论出发点是对人的本质的科学认识，其理论归宿则是共产主义社会历史条件下人的自由与解放。遵循这一学说内在的理论逻辑，从整体上全面把握其精神实质，对我们正确理解这一科学原理至关重要。

马克思早在《1844 年经济学哲学手稿》中就深刻地论述了人对自身本质占有的全面性，并以此揭示了私有制必然导致人的异化。在马克思看来，“人以一种全面的方式，就是说，作为一个完整的人，占有自己的全面的本质”[①]。这是人的存在方式区别于动物的重要本质特征，“动物的生产是片面

① 马克思恩格斯文集：第一卷［M］. 北京：人民出版社，2009：189.

的，而人的生产是全面的”[①]。对人来说，“劳动的对象是人的类生活的对象化”[②]，通过劳动，人“在他所创造的世界中直观自身”[③]。这种直观不仅是理性的，同时也是感性的，世界同时作为人感性和理性的对象而为人所全面把握。人通过实践活动，在改造世界的同时不断发展自身，从而实现人的全面发展。因此，人的存在和发展在其本质上应当是全面的，人的任何片面发展都是人的异化的结果。

人在劳动实践中建立自身与世界的对象性关系，而人的劳动实践不可能完全脱离社会关系，因此，人的存在和发展总是处于一定的社会关系之中。1845 年马克思在《关于费尔巴哈的提纲》中就明确指出：“人的本质不是单个人所固有的抽象物，在其现实性上，它是一切社会关系的总和。”[④]这就决定了，前文所述的人作为完整的人对自己本质的全面占有，不可能脱离人的社会关系。马克思和恩格斯在 1845 年至 1846 年间共同完成的《德意志意识形态》更是进一步明确指出：“只有在共同体中，个人才能获得全面发展其才能的手段，也就是说，只有在共同体中才可能有个人自由。”[⑤]这也就是说，人的全面发展必须和必然以一定的社会生产方式为基础，必须和必然依赖一定的社会历史条件。

以人对自身本质占有的全面性，以及人的本质与其社会关系的根本联系为理论基础，从对资本主义生产方式的批判入手，马克思主义经典作家不仅确立了人的全面发展学说，同时也确立了共产主义学说。

在《资本论》第一卷中，马克思就深刻地揭示了资本主义社会的一个根本矛盾，这个根本矛盾就是“大工业从技术上消灭了那种使一个完整的人终生固定从事某种局部操作的工场手工业分工，而同时，大工业的资本主义形式又更可怕地再生产了这种分工”[⑥]，马克思将这一现象称作“绝对的

---

① 马克思恩格斯文集：第一卷［M］. 北京：人民出版社，2009：162.
② 同① 163.
③ 同① 163.
④ 同① 501.
⑤ 同① 571.
⑥ 马克思恩格斯文集：第五卷［M］. 北京：人民出版社，2009：557.

矛盾”[①]。这一在本质上扭曲人的存在和发展的“绝对的矛盾”，必将在阶级剥削和压迫中导致人的异化和片面发展，也必然在资本主义社会引发阶级冲突，最终导致资本主义社会的消亡和共产主义社会的实现。

资本主义生产方式的“绝对矛盾”是蕴含于其自身内部的，是它自己对自身的必然否定。在资本主义生产方式下，“资本作为孜孜不倦地追求财富的一般形式的欲望，驱使劳动超过自己自然需要的界限，来为发展丰富的个性创造出物质要素，这种个性无论在生产上和消费上都是全面的，因而个性的劳动也不再表现为劳动，而表现为活动本身的充分发展”[②]。资本的逐利本性决定了这样一种看似矛盾的历史过程必然到来，即“作为价值增殖的狂热追求者，他肆无忌惮地迫使人类去为生产而生产，从而去发展社会生产力，去创造生产的物质条件；而只有这样的条件，才能为一个更高级的、以每一个个人的全面而自由的发展为基本原则的社会形式建立现实基础”[③]。也就是说，限制人只能片面地发展自身的资本主义生产方式，反而为人在追寻自由和解放的历史进程中实现对人的全面本质的占有，亦即实现人的自由而全面的发展，奠定了现实的基础。

人的自由而全面发展的实现，与人的自由和解放的历史进程的完成是一致的。人的全面发展的状态，实际上也就是人的自由发展的状态。在马克思看来，正是人的自由发展，为人的全面发展创造了必要的条件。在论述人的全面发展与劳动时间的关系时，马克思写道：“个性得到自由发展，因此，并不是为了获得剩余劳动而缩减必要劳动时间，而是直接把社会必要劳动缩减到最低限度，那时，与此相适应，由于给所有的人腾出了时间和创造了手段，个人会在艺术、科学等等方面得到发展。”[④]要使劳动者享有自由时间，又必须实现劳动者对生产资料的占有。“劳动者就是所有者这一

① 马克思恩格斯文集：第五卷［M］. 北京：人民出版社，2009：560.

② 马克思恩格斯文集：第八卷［M］. 北京：人民出版社，2009：69.

③ 同① 683.

④ 同② 197.

原则复苏，使劳动者享有自由时间并获得个性充分发展的社会制度产生”[①]。这种使人获得个性充分发展的社会制度，也就是共产主义社会制度。

从人的全面发展学说与共产主义学说之间的内在逻辑联系可以看出，人的全面发展不仅是人追求自由和解放的本质要求，同时也是人类历史发展的必然归宿。站在历史唯物主义的角度，马克思将“每个个人以物的形式占有社会权力”的社会发展史分成三个阶段：第一阶段是自然发生的以“人的依赖关系”为基础的；第二阶段表现为“以物的依赖性为基础的人的独立性”；而第三阶段则是“建立在个人全面发展和他们共同的、社会的生产能力成为从属于他们的社会财富这一基础上的自由个性”[②]，而“要使这种个性成为可能，能力的发展就要达到一定的程度和全面性”[③]，这正是人的发展在共产主义社会所达到的水平和状态。马克思和恩格斯在《共产党宣言》中满怀信心地对共产主义社会做出这样的科学预言：“代替那存在着阶级和阶级对立的资产阶级旧社会的，将是这样一个联合体，在那里，每个人的自由发展是一切人的自由发展的条件。”[④]

通过上述简要的分析，我们可以看出，在马克思主义的理论体系中，人的全面发展的学说，与对资本主义的批判理论，与共产主义学说，在逻辑上是一以贯之的。人的全面发展学说，与共产主义学说一样，也是一种关于人在其本质意义上获得自由与解放的学说。唯有把握了人的自由与解放这条贯彻始终的逻辑线索，我们才能从根本上领会马克思主义关于人的全面发展学说的精神实质。

---

① 内田弘．新版《政治经济学批判大纲》的研究［M］．王青，李萍，李海春，译．北京：北京师范大学出版社，2011：28.

② 马克思恩格斯文集：第八卷［M］．北京：人民出版社，2009：52.

③ 同② 56.

④ 马克思恩格斯选集：第一卷［M］．2 版．北京：人民出版社，1995：294.

第二节　人的全面发展学说的精神实质及其教育学意义

马克思主义关于人的全面发展学说的精神实质，在于人的自由和解放。在马克思主义关于人的全面发展的学说中，“人的全面发展”与“人的自由发展”是人的发展过程中辩证统一的两个方面，人的自由发展是全面发展的必要条件。马克思主义实践哲学又确立了人在教育活动中本质上绝对的主体地位，在理论上保障了人在教育过程中的自由发展。

关于“人的全面发展”与“人的自由发展”之间的关系，陈桂生先生曾做过很好的整理和总结，强调这是“两个既有联系，又有区别的概念”，并认为将人的自由发展看作对人的全面发展的论述，或者将自由发展纳入全面发展的含义之中，“都属于概念的混淆”[①]。把两个概念混为一谈当然是错误的，但就对人的全面发展学说的更深刻理解而言，我们还应当在更深一层次上认识到二者之间的辩证统一关系，认识到“人的全面发展和人的自由发展不仅是相互依存、相互联系，而且也是相互渗透的，不能把两者截然分开”[②]。在马克思和恩格斯众多关于人的全面发展学说的论述中，我们可以清晰地看出，自由发展是全面发展的前提和基础，也是全面发展的重要表现，以至于在很多时候，二者几乎成为同义语，因此马克思主义经典作家也常常使用“人的全面而自由的发展”这样的表述。在一定意义上，我们甚至可以说，人的自由发展是人的全面发展的精神实质。

我国教育学界还有一些学者认为，在马克思主义关于人的全面发展的理论中，分工是导致人片面发展的根本原因。但需要特别注意的是，这里所说的分工，是指“还不是出于自愿”[③]的分工，其关键在于“不是出于自愿”而非“分工”本身。正由于其不是出于自愿的，而是强加的，因而

---

① 陈桂生. 人的全面发展理论与现时代［M］. 上海：上海教育出版社，1988：3.

② 刘同舫. 马克思人类解放理论的演进逻辑［M］. 北京：人民出版社，2011：200.

③ 马克思，恩格斯. 德意志意识形态：节选本［M］. 北京：人民出版社，2018：30.

“人本身的活动对人来说就成为一种异己的、同他对立的力量，这种力量压迫着人，而不是人驾驭着这种力量”[①]，这才是分工导致人片面发展的关键所在。正如马克思和恩格斯所描述的那样，“在共产主义社会里，任何人都没有特殊的活动范围，而是都可以在任何部门内发展，社会调节着整个生产，因而使我有可能随自己的兴趣今天干这事，明天干那事，上午打猎，下午捕鱼，傍晚从事畜牧，晚饭后从事批判”[②]。在这里,“随自己的兴趣”是关键，正因为是自愿的活动，打猎、捕鱼、畜牧和批判这些活动，才不再会迫使人片面地发展。

马克思主义的辩证唯物史观认为，人与人之间的“联合决不像《社会契约论》中所描绘的那样是任意的，而只是关于这样一些条件的必然的联合（可以对照例如北美合众国和南美诸共和国形成的情况），在这些条件下，各个人有可能利用偶然性。这种在一定条件下不受阻碍地利用偶然性的权利，迄今一直称为个人自由”[③]。这种必然的联合，决定了人的自由而全面的发展不再仅仅是一个逻辑的理论问题，而且也是一个历史的现实问题。唯有在允许人自由发展的社会关系中，人的全面发展才是可能的，而这种使人的全面发展成为可能的社会关系，也只有在一定的历史条件下才能产生。这种历史条件，就是作为“自由人的联合体”的共产主义社会。马克思和恩格斯在《德意志意识形态》中这样描述共产主义社会：“它是各个人的这样一种联合(自然是以当时发达的生产力为前提的)，这种联合把个人的自由发展和运动的条件置于他们的控制之下。”[④]正是由于控制了个人自由发展的这些条件，人的全面发展才获得了可能性。离开了人的自由发展，人的全面发展也就无从谈起。

人的自由发展不仅是其全面发展的基础和条件，而且也是其全面发展的尺度。马克思“在剩余劳动时间中发现了全面发展的基础与尺度——自由支配时间，指出最大的生产力与财富在于自由支配时间中的人的一般能

① 马克思，恩格斯．德意志意识形态：节选本［M］．北京：人民出版社，2018：30.
② 同①．
③ 马克思恩格斯文集：第一卷［M］．北京：人民出版社，2009：573-574.
④ 同③ 573.

力的充分发挥”[①]，他认为，“节约劳动时间等于增加自由时间，即增加使个人得到充分发展的时间，而个人的充分发展又作为最大的生产力反作用于劳动生产力”[②]。这也就是说，人获得的自由程度越大，他获得全面发展的可能性也就越大。人的自由而全面的发展，不仅以历史的进步为条件，同时也是推动历史进步的基本动力。判断和衡量人的全面发展，就看他是否获得并在多大程度上获得了自由发展。

资本主义生产方式之所以导致人的片面发展，关键在于人在劳动过程中实际上是失去自由的，在于劳动从人的本质力量的对象化过程异化为被迫的求生手段。表面上劳动者是在自由买卖自己的劳动力，实质上在资本主义生产关系中这种劳动力买卖是迫不得已的，劳动者不得不出卖自己的劳动力来谋生，因而他的劳动实际上也是强制的。“马克思关于获得解放的社会及这一社会中‘全面发展的个人’这一思想中具有决定性意义的，是消除迄今为止在所有社会形态中占支配地位的那种强制劳动。对马克思来说，这样的劳动是历史的、有条件的，不能将其等同于人类活动本身。”[③]这种在资本主义私有制历史条件下的异化劳动，给人带来的只能是片面的发展。生产资料为劳动者所有，是消除劳动异化的历史途径。这条历史途径，也就是通向共产主义社会的历史道路。

马克思在《资本论》中也批判了那种“把自由竞争看成是人类自由的终极发展”[④]的荒谬看法，认为“这不过是在有局限性的基础上，即在资本统治的基础上的自由发展。因此，这种个人自由同时也是最彻底地取消任何个人自由，而使个性完全屈从于这样的社会条件”[⑤]。资本主义标榜的这种自由，实质上是对人的自由的否定，与马克思的共产主义学说中标志着人的解放的真正的自由，有着本质的区别。突出体现这种区别的，就在于

① 陈小鸿．论人的自由全面发展［M］．北京：人民出版社，2004：346.

② 马克思恩格斯全集：第三十一卷［M］．2版．北京：人民出版社，2004：107–108.

③ 默斯托．马克思的《大纲》：《政治经济学批判大纲》150年［M］．闫月梅，李楠，徐洋，等，译．北京：中国人民大学出版社，2016：166.

④ 马克思恩格斯文集：第八卷［M］．北京：人民出版社，2009：180.

⑤ 同④ 180–181.

共产主义社会中人的自由，是人以一种全面的方式实现对自身本质的占有，是人的全面发展取代了人的片面发展。这种自由，才是体现人的本质的自由；这种全面发展，才是人真正作为人的自由发展。

马克思批判的这种以自由竞争为特征的虚假自由发展，不仅表现在经济生产领域，同样也表现在教育领域。在有些学校教育制度中，学生被迫在有限的几门课程中展开看似公平的自由竞争，其结果却是有目共睹的“学业负担”和人的片面发展。在这样的教育制度下，即便是那些所谓“成功者”，也只是被迫在某些片面发展中达到了较高水平。恩格斯曾批评奥地利的天主教士和封建领主控制着大学，“只容许它们造就充其量在种种专门知识领域可能有比较高深造诣的专家，但无论如何不允许进行在别的大学里可望进行的那种全面的自由的教育”①。教育领域人的片面发展，实质上是人在劳动过程中片面发展的折射，是人的发展所受历史条件的根本局限的反映。在人的全面发展本身尚未成为教育的全部目的，且教育仍然是一种谋生手段的历史条件下，教育，尤其是制度化的学校教育，其片面性就只能在不同程度上得到克服，而不可能完全彻底地避免。

马克思主义关于人的全面发展的学说，与马克思主义实践哲学在逻辑上也是紧密联系在一起的。这一逻辑联系与教育问题又是直接相关联的。在《关于费尔巴哈的提纲》中，马克思批评了那种“认为人是环境和教育的产物，因而认为改变了的人是另一种环境和改变了的教育的产物”②的机械唯物主义学说，深刻指出，“环境的改变和人的活动或自我改变的一致，只能被看做是并合理地理解为革命的实践”③。在马克思主义实践哲学看来，人正是在改变环境的实践过程中不断发展自身的。马克思主义“劳动创造了人本身”的论断，不仅是从人类起源的角度说的，更是从人的本质的生产和发展的角度说的。正是在改造世界的实践中，人将自身与动物区分开来，并作为主体站到了自然的对面，将自然作为自己的对象。人总是在认

① 马克思恩格斯文集：第二卷［M］. 北京：人民出版社，2009：378.
② 马克思恩格斯文集：第一卷［M］. 北京：人民出版社，2009：504.
③ 同② 500.

识和改造世界的同时不断创造着自身，因此，人的全面发展的教育必须和必然体现人的主体性，人在教育活动中本质上拥有绝对的主体地位。人在教育活动中丧失主体地位，同时也就意味着教育的异化。

人的全面发展的教育必须和必然体现人的主体性，这就决定了促进人全面发展的教育在本质上必须和必然是自主的、自由的、非强制性的。自主性是人作为主体的基本规定性之一。“把人作为主体来看待，这就表明人是人自己活动的主人、属人世界的主宰者、人自己的生活和历史的‘造物主’。”[①]这同时意味着，教育不是一部分人改造另一部分人的活动，而是人在自己的活动中发展自身的过程；这同时还意味着，在教育过程中，参与教育活动的人在本质上都应当是教育活动的主体，都是在自己的活动中自主、自由地发展着自身，而不是被他人改造的客体。如果人在教育活动中是失去自由的、被迫的、被强制的，那么，这种教育不仅不可能促进人的全面发展，而且其本身实质上已经不再是“人”的教育。

人是教育活动的主体，还决定了促进人全面发展的教育一定是以人自身的发展为目的的，而绝不能以人之外的任何目的作为教育目的。这是因为，自为性是人作为主体的另一重要基本规定性。人作为主体的自为性，意味着“人是人的一切活动的出发点和归宿”[②]，“人是人一切活动的最高目的”[③]。这里的“一切活动”，理所当然地包括教育活动。因此，在其本质意义上，人自身的发展就是其教育活动的最高目的。其他任何目的，都应从属和服务于人自身发展这一最高目的，而不应以人的发展为手段来达成其他什么目的。在其本质意义上，教育的根本目的就是促进人的全面发展，而不是将人改造成某种工具。反而言之，任何以人的发展作为手段来达成其他目的的教育，都必将在将人工具化的过程中迫使人片面发展，因而都必不可能是真正促进人全面发展的教育。

创造性也是人作为主体的重要基本规定性，因此，人是教育的主体，

---

① 高清海. 马克思主义哲学基础：下册［M］. 北京：人民出版社，1987：5.

② 同① 3.

③ 同① 59.

也就意味着教育是人的自我创造的过程。“‘自我创造性’就是仅仅为人所具有并使人成为主体的第一个重要特性”[①]，同时也是真正“人”的教育的本质特性之一。在本质意义上，人不是被他人改造的，而是在创造世界的过程中发展自身的。在这个意义上，教育过程与人认识和改造世界的实践或劳动过程是直接统一的。马克思在《资本论》中指出：“从工厂制度中萌发出了未来教育的幼芽，未来教育对所有已满一定年龄的儿童来说，就是生产劳动同智育和体育相结合，它不仅是提高社会生产的一种方法，而且是造就全面发展的人的唯一方法”[②]。教育过程实质上就是人在认识和改造世界的实践过程中不断自我创造的过程，这也是马克思主义教育学关于人的全面发展的学说，在强调人于德、智、体、美诸方面都得到发展的同时，还特别强调劳动教育之特殊意义的根本原因[③]。

马克思主义关于人的全面发展的理论在教育领域的意义，并不仅限于直接批判和反抗人的片面发展，更重要的还在于强调人的自主、自由的发展。人在教育活动中的自主性、自为性和自我创造性，是人的全面发展的必要条件。任何否定或致使人在教育活动中丧失自主性、自为性和自我创造性的教育，无论其表面上如何标榜人的全面发展，都只能是片面的。这种非人的教育，它越是标榜人的发展的全面性，其对人的压迫、摧残和片面化也就越厉害。

第三节 相关误读与学业负担问题

马克思主义关于人的全面发展学说告诉我们，自由或非强制性是人的全面发展的教育必不可少的本质特性。也就是说，在教育活动中，我们既不能限制人只能在某些方面获得发展，也不能强迫人在某些方面获得发展，

---

① 高清海．马克思主义哲学基础：下册［M］．北京：人民出版社，1987：14.

② 马克思恩格斯文集：第五卷［M］．北京：人民出版社，2009：556–557.

③ 关于劳动教育及其时代意义，可参阅：项贤明．劳动教育的理论意蕴［J］．华东师范大学学报（教育科学版），2023（8）：44–52.

而应让其想在哪方面获得发展，就有可能在哪方面获得发展。人的所有发展，首先必须是自主的、自由的，才有可能是全面的。

马克思主义关于人的全面发展的学说，是我国教育方针的理论基础和核心思想。对这一科学学说的理解是否正确，直接影响我们教育政策和策略的科学性。纵观我们教育改革和发展的实践，很多现实教育问题，往往都与我们对马克思主义教育学关于人的全面发展学说的误解有关。例如：广受关注的中小学生学业负担过重问题，就既有教育结构失衡和重点建设发展策略的副作用等政策方面的成因[①]，也有认识上的成因；而对人的全面发展理论的误解，就是其认识方面的重要成因之一。

学业负担过重问题产生的根源，往往不是我们的学生学得太多太难，而是他们的学习大多是被迫的，是被强制限定在有限几门课程之内的，而且不得不在这有限几门课程的每一门课程学习中都争取最好的成绩。造成这一局面的原因很复杂，其中对马克思主义关于人的全面发展学说的狭隘解读是认识根源。我们误将“人的自由而全面的发展”简化为“人的全面发展”（这种简化不只是文字上的简称，而是实质上对其自由发展的精神实质的抽离），进而将“人的全面发展”误解为每个人必须在所有方面都得到最好的发展。于是，出于一些看上去很美的目的，我们强迫学生在有限的几门课程中每一门都必须得到最好的成绩，并坚信这有利于学生的健康发展。这种信念在我们的教育界如此根深蒂固，乃至就连高中阶段的文理分科也不断有人反对。在这样的教育过程中，学生的自主性、自为性和自我创造性都遭到忽视和抑制，尽管它一再标榜“人的全面发展”，却在根本上背离了马克思主义关于人的全面发展学说的精神实质，因而它越是强调人的全面发展，却越是强化了人的发展的片面性。

人的全面发展，其精神实质在于人的自主、自由的发展，而非强迫人在指定的某些方面必须达到最高程度的发展。马克思从历史的深邃视角批判资本主义生产方式，指出在本质意义上，人是生产的目的，而不是相反。

---

① 关于中小学生学业负担过重问题的政策成因，可参阅：项贤明．七十年来我国两轮“减负”教育改革的历史透视［J］．华东师范大学学报（教育科学版），2019（5）：67–79.

"如果抛掉狭隘的资产阶级形式"[①]，我们就会发现，"先前的历史发展使这种全面的发展，即不以旧有的尺度来衡量的人类全部力量的全面发展成为目的本身。在这里，人不是在某一种规定性上再生产自己，而是生产出他的全面性；不是力求停留在某种已经变成的东西上，而是处在变易的绝对运动之中"[②]。这也就是说，衡量人的全面发展的尺度，不应是某种外在强加的、固定不变的东西，而应以人自身的终身不断发展为依据。促进人的全面发展的教育，不是要将人改造成借以获得经济利益的工具，相反，经济发展应当从属并服务于人的发展。党和国家一再强调"以人为本""以人民为中心"的发展理念，正是这一马克思主义经典理论在中国特色社会主义实践中的具体体现之一。

从马克思主义关于人的全面发展学说的视角，客观审视我们学校教育的课程设置和考试评价，我们很容易发现，我们的教育不仅限制人在有限的几个领域内发展，而且强迫人在这有限几个领域中的每一个领域都要得到最高的发展；我们学校为学生提供的课程非常有限，而且只有列入中考、高考的那几门课程才真正在我们的考量范围之内；我们的教育评价，也往往不是以人的全面发展本身为准绳，而只是检验人作为某种工具是否合格，甚至只是通过有限几门课程死记硬背的检查来把作为某些工具的人筛选出来。在这样的教育中，人的全面发展被曲解为学生必须在外在规定的某几个领域都要获得最好的发展。为了达成这种强加给学生的所谓"全面发展"，人的自主性、自为性和创造性都被悬置于口头上，在实际教育过程中代替这些主体性表征的却是人的被动性、工具性和重复性，人被迫在指定的方面进行所谓"全面发展"，通过机械的反复背诵和练习将自己变成他人所期望的工具。这种违背马克思主义关于人的全面发展学说之基本精神的教育，不可能是真正促进人全面发展的教育，而只能迫使人在片面发展中不断扭曲和损害人的身心健康。

---

① 马克思恩格斯文集：第八卷［M］. 北京：人民出版社，2009：137.

② 同①.

在马克思主义关于人的全面发展的学说中，“人的全面发展”主要意在人的发展的自主、自由和不受限制，是指人在各方面都可以得到发展，而绝不意味着迫使人在所有方面都必须获得最高的发展，更非意味着人的全知全能。在马克思主义理论中，实践是人的存在方式，而个人的实践总是有限的，因此个人的存在和发展也是有限的。马克思和恩格斯在《德意志意识形态》中明确指出：“个人怎样表现自己的生命，他们自己就是怎样。因此，他们是什么样的，这同他们的生产是一致的”[①]，这也就意味着，个人的发展总是有限的，不存在全知全能的个人。反观我们的学校教育，人的自由而全面的发展在这里被解释为人必须在所规定几门课程中都得到最高的发展。我们几乎所有的考试都以“全科全能”为基本标准，每一个学生都要在有限几门课程中的每一门上参与竞赛。在任何一门课程的学习中偏弱，则名之曰“偏科”；原本正常的自主、自由发展的人才，只要不符合“全科全能”的标准，即便成功，也会被当成所谓“怪才”。更重要的是，所有这些所谓“全面发展”都是被迫的，因而即便有少数学生成功达到了“全科全能”的标准，实际上也只能获得了片面的发展。

在马克思主义关于人的全面发展的学说中，“个人的全面性不是想象的或设想的全面性，而是他的现实联系和观念联系的全面性。由此而来的是把他自己的历史作为过程来理解，把对自然界的认识(这也作为支配自然界的实践力量而存在着)当做对他自己的现实躯体的认识”[②]。也就是说，人的全面发展的水平总是在现实的历史过程中具体地体现为人认识和改造世界的能力水平，同时也体现为其认识和发展自身的能力水平。这也同时意味着，在促进人的全面发展的教育中，衡量人的全面发展的最终尺度绝不能只是考试分数，而是人认识和改造世界的能力。这与马克思主义教育学对人在教育活动中主体地位的肯定，以及对劳动教育重要意义的强调，在逻辑上是一以贯之的。因此，在促进人的全面发展的教育过程中，应当以对人认识和改造世界的能力的综合评价，而非简单的考试分数，来作为教

---

① 马克思恩格斯文集：第一卷［M］. 北京：人民出版社，2009：520.

② 马克思恩格斯文集：第八卷［M］. 北京：人民出版社，2009：172.

育过程的终结性评价。

促进人全面发展的教育必须是自由、自主的，因此，激发和培养学生的兴趣，而非强迫学生记住某些知识，才是这种教育教学活动的首要任务。唯有成功引发学生的学习兴趣，激发并维持其学习的内部动机，其学习活动才有可能是自由、自主的。在自由、自主的学习中，知识也就不再会异化为学业负担。对一名酷爱数学的学生来说，数学学习只会是一件充满乐趣的事情，而绝不可能成为所谓“学业负担”。从马克思主义实践哲学的角度看，这是因为人获取新知识的过程实质上也是其本质力量的提升过程，因此，“就其本质而言，在每个相对完整教学过程的终点，学生都应当能够体验到对自身发展的欣赏和享受。而要做到这一点，学生作为教学活动的主体，在逻辑上又是必要的前提条件”[①]。可以说，激发学生学习兴趣和学习动机，使其自由、自主地学习，是减轻学业负担的根本之道，同时也是促进人全面发展的教育的本质要求。

学校教育要真正促进人的全面发展，让人在各方面都可以自由、自主地获得发展，就应当摒弃塑造的教育观，转向服务的教育观。长期以来在教育思想史上占据主流地位的“塑造”的教育观[②]，将人的发展看作一种被改造的过程。马克思批评这种认为人是环境和教育的产物的学说，指出“这种学说必然会把社会分成两部分，其中一部分凌驾于社会之上”[③]。以促进人的全面发展为鹄的的教育，显然应当放弃那种按照某种预先设计好的模板去塑造学生的思维，转而将教育理解为一种对人的全面而自由的发展的支持和服务。就学校教育而言，要为人的全面发展服务，就应该围绕人的发展需要来设置丰富的课程，借此努力为每一个孩子提供适合的教育。在建立丰富的课程体系的同时，还应增大学校教育的可选择性，扩大学校教育制度的弹性，给学生最大的自由发展空间和最及时有效的教育支持。当课程成为人全面而自由的发展的资源，学业也就不会再异化为人的负担；

---

① 项贤明 . 论教学的审美之维［J］. 课程·教材·教法，2022（9）：87-93.

② 关于塑造的教育观及其理论反思，可参阅：项贤明 . 塑造儿童乃教育学之原罪［J］. 华东师范大学学报（教育科学版），2018（5）：94-103，168-169.

③ 马克思恩格斯选集：第一卷［M］. 3 版 . 北京：人民出版社，2012：138.

当学校成为学生最优的生长环境，而不是强行改造学生的工场，学生作为人的全面发展才不会是一句空头的口号。

在以人的全面而自由的发展为目的的教育理论和实践中，处于最核心地位的应当是学习而非教授。教育学（Pedagogy）这门学问，自其 17 世纪在欧洲产生开始，就一直是以教授为中心的。在这种理论指导下的学校教育实践，也始终将教师的教授活动放在学校教育的中心地位上。这暗含着这样一种理论假设：知识是教师传授给学生的。这种学说将教学活动特殊化为所谓“间接经验”的传递活动，从而将教学从人的实践活动中剥离出来。与费尔巴哈的旧唯物主义认为人是环境和教育的产物不同，马克思主义实践哲学认为人是在自身作为主体的实践活动中改变自身的。在马克思主义实践哲学中，认识世界和改造世界的过程是辩证统一的，从而“在人类认识发展史上第一次自觉地立足于实践去理解认识”①。在马克思主义实践哲学看来，所谓“间接经验”必须通过人自身的活动（包括思维活动）才能真正转化为自己的认识，没有这样的转化，间接经验就不可能真正有效地促进人的发展。具体到学校教室内，不是教师的教学活动改变了学生，而是学生的学习活动改变了他们自己，教师的教学活动只是学生学习活动的一种外部条件。因此，在关注教师教学活动的同时，我们更应将学生的学习活动当成教育理论和实践最重要的焦点和核心，因为就教育促进人的发展而言，学生的学习才是决定性的。如果没有学生的学习，教师的教授就不可能取得任何实际的成果。随着人工智能时代的到来，学习科学正在成为教育科学领域中的一门显学。历史的和逻辑的统一演进，也印证着马克思主义教育学理论的科学性。

作为马克思主义教育学的一条重要基本原理，关于人的全面发展的学说对我国教育方针政策有着极其重要的指导作用。正确理解这条科学原理，意义重大。我们必须认识到，“马克思人的全面发展理论的实质在于重视人的解放与自由，它充分体现了马克思的时代精神——解放与自由精神，揭

① 高清海 . 马克思主义哲学基础：下册［M］. 北京：人民出版社，1993：326.

示了人的全面发展是人类解放的最高境界与逻辑归宿”[①]。只有把握了这一精神实质，我们才能在教育理论和实践中真正科学地贯彻落实好我们的教育方针。

① 刘同舫 . 马克思人类解放理论的演进逻辑［M］. 北京：人民出版社，2011：196.

后 记

奉献在读者诸君面前的这本小册子，是我近年来在理论并不时尚的学术风气下进行实践观察和理论思考的成果；其理论基础，也是如今似乎已久非时尚的马克思主义教育理论。我之所以逆风气而动，坚持做这项工作，我的想法很简单：无论如何，马克思主义仍然是指导我们这个大国教育改革和发展的最重要的理论基础，对我国教育大政方针有着根本性的指导作用。如果我们对马克思主义教育理论的认识和理解有任何偏差，那就往往意味着我们的教育大政方针有可能因此出现重大失误。这些失误所造成的教育问题，往往是根本性的，是我们用今年“3+2”、明年“3+*n*”的高考改革这类表层的技术手段，或“一刀切”地“减负”这类政策手段，都不可能真正解决的。唯有全面、正确地理解和掌握马克思主义的科学原理，我们才能认识到很多教育问题的实质，才有可能找到从根本上解决这些教育问题的路径和方法。

在我看来，多年来，我们在很多重要教育实际问题上的教育改革之所以难以取得实质性的突破，其根本原因恰恰在于对指导教育改革和发展的马克思主义教育理论的认识和理解出现了偏差。因此，我才不揣浅陋，努力在这一领域不断学习、观察和思考，并将这些探索性的文字，奉献于教育同行和理论方家。这些文字大多已经在《教育研究》《华东师范大学学报（教育科学版）》《中国教育学刊》《教育研究与实验》《南京师大学报（社会科学版）》等期刊发表，其意在投石问路，看看教育同行们对这些文字的反应。或许正是因为不时尚，所以并没有看到过于激烈的反应，这也使我敢于将其结集付梓。本书所表达的观点不一定都是正确的，但只要能促进我们对马克思主义教育理论的研究，我也就心满意足了。

马克思主义是十分强调实践之意义和价值的一种理论，但它从来不否认理论的意义和价值。马克思在《〈黑格尔法哲学批判〉导言》中指出："批判的武器当然不能代替武器的批判，物质力量只能用物质力量来摧毁；但是理论一经掌握群众，也会变成物质力量。理论只要说服人［ad hominem］，就能掌握群众；而理论只要彻底，就能说服人［ad hominem］。所谓彻底，就是抓住事物的根本。而人的根本就是人本身。"① 我不知道这本小册子里的探索性文字是不是彻底的，但我知道马克思主义的科学理论是彻底的。我真诚地希望我们的教育理论和教育实践工作者，都来学习和探讨马克思主义教育理论，从而在教育实践中正确地运用马克思主义教育理论，因为，我们在这里有可能找到解决很多教育实际问题的根本出路。

这本小册子集中了我回母校任教后的部分研究成果。谨以此书，告慰已仙逝的恩师鲁洁先生的在天之灵！当初，作为一个在底层挣扎的农民之子，没有恩师的辛勤栽培，我不可能有机会专心扎根于教育理论的沃土。也正是谨记恩师的教诲，我才能坚守这片理论的沃土，不为变动不居的学界时尚风气所动。每每念及师恩，心中感激之情，一如故乡清澈的小河，流也流不尽……

2024 年第 40 个教师节于南京仙林茶苑寓所

---

① 马克思恩格斯文集：第一卷［M］. 北京：人民出版社，2009：11.